La grammaire, tu piges?

3

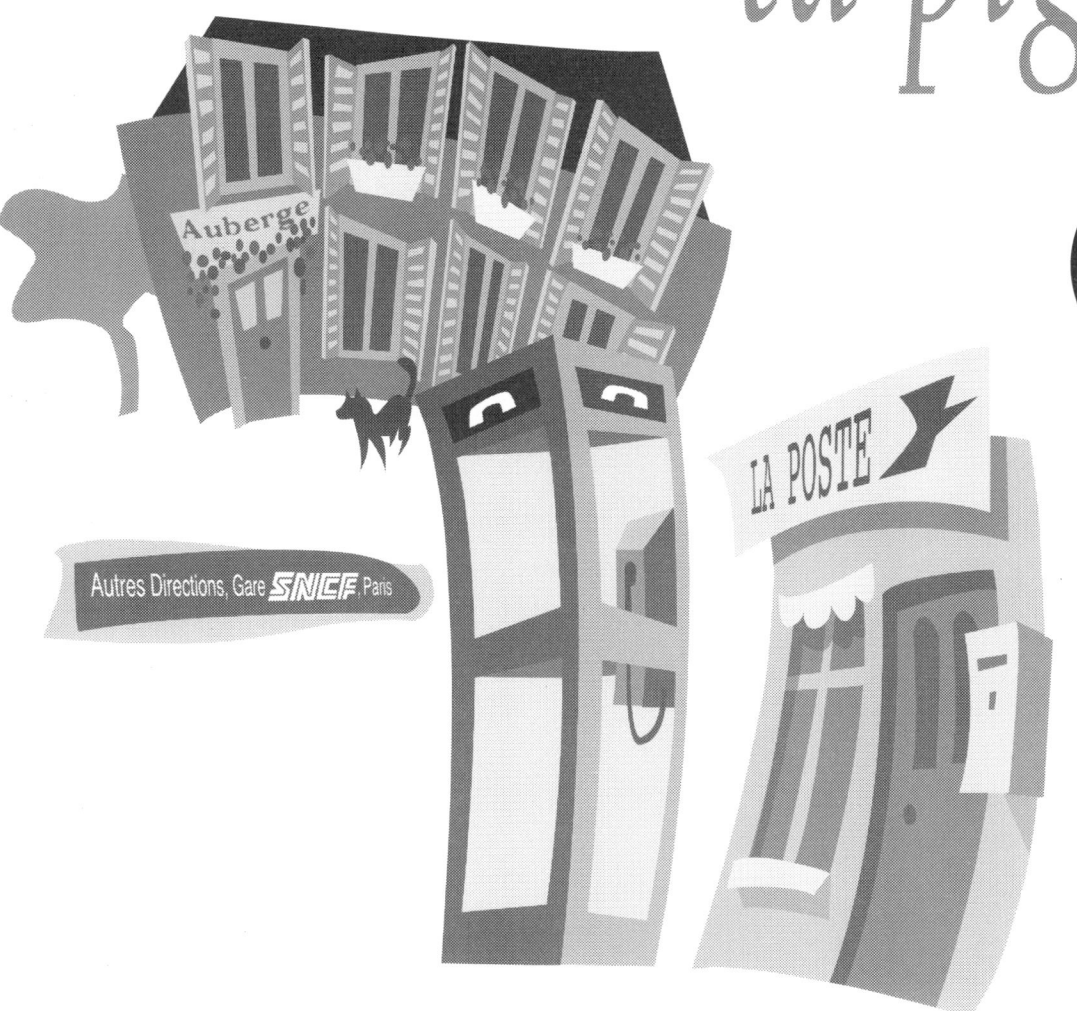

Heinemann

Heinemann Français Langue Étrangère
Halley Court, Jordan Hill, Oxford OX2 8EJ, Grande-Bretagne
Groupe Reed Educational & Professional Publishing Limited

OXFORD   MADRID   FLORENCE   ATHENS   PRAGUE
SÃO PAULO   MEXICO CITY   CHICAGO   PORTSMOUTH (NH)
TOKYO   SINGAPORE   KUALA LUMPUR   MELBOURNE
AUCKLAND   JOHANNESBURG   IBADAN   GABORONE

ISBN 0 435 30034 2

97 98 99 10 9 8 7 6 5 4 3 2 1

© Colin Granger et John Plumb 1997

Édition française par María Luisa Villanueva Alfonso et Rosaura Serra Escorihuela

Sections Apprendre à apprendre © Maria Luisa Villanueva Alfonso et Rosaura Serra Escorihuela

Conception graphique et illustrations © Reed Educational & Professional Publishing Limited 1997

Illustrations par John Plumb

Illustrations de couverture par Tim Kahane

L'éditeur remercie les éditions Stock de lui avoir accordé la permission de reproduire un extrait du poème de Charles Cros, *Le hareng saur* (page 85), extrait de l'ouvrage *Le coffret de Santal*.

Droits de reproduction
Les droits de ce livre sont réservés. Cependant l'éditeur autorise la photocopie des pages marquées du symbole PHOTOCOPIABLE.

Les acheteurs individuels peuvent faire des copies pour leur usage personnel ou pour les classes dont ils ont la charge. Si l'ouvrage est acheté pour un établissement scolaire, les photocopies sont réservées à l'usage des élèves et des enseignants. Cette autorisation ne s'applique pas à d'autres écoles ni à des annexes d'une institution qui devront acheter un exemplaire en propre pour leur usage personnel.

Pour photocopier en d'autres circonstances, il faut au préalable en faire la demande par écrit à l'éditeur.

Imprimé par Thomson Litho Ltd, East Kilbride, Écosse

Relié par Hunter & Foulis Ltd, Édimbourg, Écosse

Le monde des jeux en français	
La grammaire, tu piges? 1	0 435 30032 6
La grammaire, tu piges? 2	0 435 30033 4
La grammaire, tu piges? 3	0 435 30034 2
Jonglons avec les mots! 1	0 435 30035 9
À nous les énigmes! 1	0 435 30036 9
Atelier-théâtre 1	0 435 30037 7

SOMMAIRE

INTRODUCTION POUR LE PROFESSEUR — 5

APPRENDRE ET COMPRENDRE 1 — 6
Savoir donner des ordres
Impératif affirmatif et négatif
Verbes pronominaux et non pronominaux
Vous de politesse
Adjectifs possessifs de la 2ème personne: *votre, vos*
Compléments circonstanciels de manière
Modalisation
Lexique: Expressions servant à orienter la conduite d'autrui
Actions de la vie quotidienne

TESTER SES CONNAISSANCES 1 — 8
Tourbillon d'adjectifs
Genre des adjectifs
Lexique: Adjectifs concernant la température; le toucher/la texture; la forme; la taille; le goût/la saveur; la couleur
Adjectifs pour décrire les personnes et les objets

ANALOGIES ET CONTRASTES 1 — 10
Au bureau
La phrase comparative:
Plus de + nom
Autant de + nom
Plus + adjectif
Aussi + adjectif
Lexique: Au bureau

MISE EN JEU DES CONNAISSANCES 1 — 12
Des souhaits au bord de l'eau
Subjonctif pour exprimer les souhaits (verbe *vouloir* + *que* + subjonctif)
Subjonctif des verbes en *-er, -yer* et du verbe *faire*
Pronoms complément: *lui/leur/l' (la, le)*
Vouloir que quelqu'un fasse quelque chose/Demander à quelqu'un de faire quelque chose/Dire à quelqu'un de faire quelque chose
Aider quelqu'un à faire quelque chose, donner à boire/à faire, etc.
Faire voir
Lexique: La plage

ANALOGIES ET CONTRASTES 2 — 14
Souvenirs d'une fête d'anniversaire
Plus-que-parfait: rapports avec le passé composé et l'imparfait

PROJETER DES CONNAISSANCES ET TROUVER LA RÈGLE 1 — 16
Le plaisir de raconter
L'accord du participe passé avec les auxiliaires *être* et *avoir*
Conjugaison: Passé composé, imparfait, plus-que-parfait
Lexique: Vocabulaire de la vie quotidienne

MISE EN JEU DES CONNAISSANCES 2 — 18
Manières de dire
Révision du féminin des adjectifs
Modalisation
Formation des adverbes de manière
Adjectifs en *-ant* et *-ent*; adverbes en *-amment* et en *-emment*.
Cas particuliers
Lexique: Expression des émotions et des sentiments

ANALOGIES ET CONTRASTES 3 — 20
C'est lui ou c'est elle?
Mise en relief avec la formule *C'est... qui/C'est... que*
Lexique: Loisirs

ANALOGIES ET CONTRASTES 4 — 22
Donner et apporter
Doubles pronoms complément d'objet, accord du participe passé avec *avoir*: *Je te la donne. Je te l'ai apportée.*
Lexique: La plage

MISE EN JEU DE LA MÉMOIRE 1 — 24
Compagnons de voyage
Concordance des temps dans le récit:
Passé composé
Imparfait
Plus-que-parfait
Déroulement de l'action au passé
Conditionnel-temps: futur du passé
Subordonnée conditionnelle: *si* + imparfait, conditionnel présent

MISE EN JEU DES CONNAISSANCES 3 — 26
Des besoins et des souhaits
Vouloir que + subjonctif
Falloir que + subjonctif
Avoir besoin que + subjonctif
Espérer que + indicatif futur
Révision: Phrase interrogative
Lexique: Rapports personnels
Expression du souhait, du besoin, de la nécessité

TESTER SES CONNAISSANCES 2 — 28
Actif ou passif?
Dérivation d'adjectifs à partir d'un verbe; valeur active/passive
Lexique: Émotions et sentiments

PROJETER DES CONNAISSANCES ET TROUVER LA RÈGLE 2 — 30
Actions et situations
Verbes avec ou sans préposition
Verbes à un seul complément ou à deux compléments
Lexique: Vie quotidienne

MISE EN JEU DE LA MÉMOIRE 2 — 32
Rêver des vacances: scène d'été
Futur simple: sa valeur discursive d'anticipation
J'espère que + futur
On + verbe à la 3ème personne du singulier
Accord sujet-verbe
Révision de la phrase négative: *ne... pas, ne... plus*
Lexique: Les loisirs; les vacances
Révision: Le découpage de la journée; l'heure

TESTER SES CONNAISSANCES 3 — 34
Des mots trompeurs
Structure de présentation (*c'est, ce sont*) + pronoms relatifs (*qui, que, dont, où*)
Pronoms indéfinis: *quelqu'un, quelque chose*
Lexique: Vocabulaire varié; mots trompeurs; noms génériques: instrument, récipient, endroit, action, objet, groupe

MISE EN JEU DES CONNAISSANCES 4 — 36
Le vaisseau fantôme
Imparfait *être sur le point de* + infinitif
allait + infinitif/*avait commencé à* + infinitif
Lexique: Activités de la vie quotidienne

APPRENDRE ET COMPRENDRE 2 — 38
Le puzzle de la personnalité
Lexique: Traits de caractère. Émotions. Sentiments

MISE EN JEU DE LA MÉMOIRE 3 — 40
Souvenir de vacances
Verbes pronominaux, éventuelles différences entre la langue maternelle et le français
Révision de l'imparfait
Lexique: Vacances sous la tente, activités de la vie quotidienne

TESTER SES CONNAISSANCES 4 — 42
La cohérence de la phrase
Ordre des éléments dans la phrase
Phrase comparative

ANALOGIES ET CONTRASTES 5 — 44
Deux par deux
Révision de l'impératif
Lexique: Actions de la vie quotidienne. Sèmes à valeur complémentaire, réciproque, opposée... Exemple: *Ne va pas là, viens ici!*

MISE EN JEU DE LA MÉMOIRE 4 — 46
Jouer au gendarme
Présent/passé composé (avec *avoir* et *être*)
Lexique: Lexique en rapport avec les actions présentes et passées de la vie d'une personne

PROJETER DES CONNAISSANCES ET TROUVER LA RÈGLE 3 — 48
Des prépositions
Avoir peur de...
Être + adjectif + préposition + nom/pronom
Être + adjectif + préposition + infinitif
Forme passive + préposition *par*

MISE EN JEU DES CONNAISSANCES 5	50
Faites vos déductions	
Cause: *pourquoi/parce que*	
Conjugaison: imparfait, plus-que-parfait.	
Lexique: Loisirs et temps libre	
ANALOGIES ET CONTRASTES 6	52
Trouvez les réparations qui ont été faites	
On + passé composé	
Passé composé à la forme passive	
Lexique: Maison	
MISE EN JEU DE LA MÉMOIRE 5	54
Déclarez comme témoin	
Être en train de + infinitif	
Aller + infinitif	
Venir de + infinitif	
Lexique: Dans la rue	
APPRENDRE ET COMPRENDRE 3	56
Le puzzle des phrases	
Adverbes de fréquence: *normalement, toujours, d'habitude, jamais*	
Adverbes de manière: *tranquillement, lentement, rapidement*, etc.	
PROJETER DES CONNAISSANCES ET TROUVER LA RÈGLE 4	58
À l'aéroport	
Discours rapporté indirect: *il a dit que…, il a expliqué que…*	
Lexique: Aéroport	
PROJETER DES CONNAISSANCES ET TROUVER LA RÈGLE 5	60
Changer d'aspect	
Se faire faire…/se faire + infinitif/*faire* + infinitif	
Lexique: Hygiène et beauté	
MISE EN JEU DES CONNAISSANCES 6	62
Connaissez-vous le gangster Al Capone?	
Forme passive: le plus-que-parfait	
Lexique: Connaissances historiques et culturelles	
TESTER SES CONNAISSANCES 5	64
Encore quelques questions?	
Révision de la phrase interrogative	
MISE EN JEU DES CONNAISSANCES 7	66
Vrai ou faux?	
Mise en jeu de stratégies de compréhension de textes écrits	
Mise en rapport des connaissances générales et de la compréhension des textes	
APPRENDRE ET COMPRENDRE 4	68
Trouvez la cohérence	
Expressions de temps, connecteurs temporels	
Substitution nominale et pronominale	
APPRENDRE ET COMPRENDRE 5	70
Un soldat peu discipliné	
Expression de l'obligation au conditionnel passé (forme affirmative et forme négative)	
APPRENDRE ET COMPRENDRE 6	72
Un vol au musée	
Expression de la probabilité: verbe *pouvoir* + infinitif, etc.	
Lexique: Musée	
ANALOGIES ET CONTRASTES 7	74
Mettre en rapport	
Verbes à construction directe et à construction indirecte avec préposition	
APPRENDRE ET COMPRENDRE 7	76
Quel mariage!	
Subordonnées relatives, introduites par les pronoms *qui, que, dont, où*	
Lexique: Cérémonie de mariage, repas de mariage, problèmes et ennuis, expression des sentiments	
MISE EN JEU DE LA MÉMOIRE 6	78
Des bribes de conversation	
Discours rapporté	
Lexique: Vacances au camping	
PROJETER DES CONNAISSANCES ET TROUVER LA RÈGLE 6	80
Tout se complique	
Expression du regret: *j'aurais dû…, je n'aurais pas dû…*	
Lexique: Dans la rue	

MISE EN JEU DES CONNAISSANCES 8	82
Une journée à l'hôpital	
Conditionnel passé	
Phrase conditionnelle: *si* + verbe au plus-que-parfait	
Lexique: Petits accidents quotidiens	
APPRENDRE ET COMPRENDRE 8	84
Lire à haute voix	
Ponctuation	
MISE EN JEU DE LA MÉMOIRE 1	87
MISE EN JEU DE LA MÉMOIRE 2	88
MISE EN JEU DE LA MÉMOIRE 3	89
MISE EN JEU DE LA MÉMOIRE 4	90
MISE EN JEU DES CONNAISSANCES 5	91
MISE EN JEU DE LA MÉMOIRE 5	92
PROJETER DES CONNAISSANCES ET TROUVER LA RÈGLE 4	93
MISE EN JEU DE LA MÉMOIRE 6	94
MISE EN JEU DES CONNAISSANCES 8	95
INDEX GRAMMATICAL	96

INDEX THÉMATIQUE

APPRENDRE ET COMPRENDRE	
Savoir donner des ordres	6
Le puzzle de la personnalité	38
Le puzzle des phrases	56
Trouvez la cohérence	68
Un soldat peu discipliné	70
Un vol au musée	72
Quel mariage!	76
Lire à haute voix	84
TESTER SES CONNAISSANCES	
Tourbillon d'adjectifs	8
Actif ou passif?	28
Des mots trompeurs	34
La cohérence de la phrase	42
Encore quelques questions?	64
ANALOGIES ET CONTRASTES	
Au bureau	10
Souvenirs d'une fête d'anniversaire	14
C'est lui ou c'est elle?	20
Donner et apporter	22
Deux par deux	44
Trouvez les réparations qui ont été faites	52
Mettre en rapport	74
MISE EN JEU DES CONNAISSANCES	
Des souhaits au bord de l'eau	12
Manières de dire	18
Des besoins et des souhaits	26
Le vaisseau fantôme	36
Faites vos déductions	50
Connaissez-vous le ganster Al Capone?	62
Vrai ou faux?	66
Une journée à l'hôpital	82
PROJETER DES CONNAISSANCES ET TROUVER LA RÈGLE	
Le plaisir de raconter	16
Actions et situations	30
Des prépositions	48
À l'aéroport	58
Changer d'aspect	60
Tout se complique	80
MISE EN JEU DE LA MÉMOIRE	
Compagnons de voyage	24
Rêver des vacances: scène d'été	32
Souvenir de vacances	40
Jouer au gendarme	46
Déclarez comme témoin	54
Des bribes de conversation	78

Introduction pour le professeur

Dans **La grammaire, tu piges? 3**, on trouvera **40 jeux à photocopier**, ainsi que des **activités complémentaires** et d'élargissement qui sont uniquement présentées sur la page du professeur, c'est-à-dire la page de gauche. (Attention: il y a neuf activités comprenant deux pages à photocopier pour les élèves.)

La grammaire, tu piges? 3 s'adresse à des élèves de niveau élémentaire ou moyen. Le professeur pourra utiliser ce matériel en tenant compte des caractéristiques de son groupe et de la méthode suivie, car **La grammaire, tu piges? 3** est compatible avec d'autres matériaux didactiques et des programmations diverses.

Le livre comprend des activités pour l'apprentissage du vocabulaire, de la grammaire, de la conjugaison et il sert de même à s'entraîner à l'emploi de différentes structures linguistiques reliées à des actes de parole. La consultation du sommaire, page 3, de l'index grammatical, page 96, et de l'index lexical, page 96, aidera le professeur à choisir les aspects qui conviennent le mieux aux objectifs de son programme.

Les activités ont été regroupées en six grands blocs:
– mise en jeu de la mémoire
– tester ses connaissances
– apprendre et comprendre
– projeter des connaissances et trouver la règle
– analogies et contrastes
– mise en jeu des connaissances.

Les titres des blocs présentent de manière explicite les aspects convergents de toutes les activités, du point de vue des stratégies d'enseignement-apprentissage. Mais il n'est pas nécessaire de travailler de manière chronologique ni de travailler bloc par bloc.

Les activités présentées dans **La grammaire, tu piges? 3** peuvent être utilisées:

– comme activités d'entraînement, activités complémentaires à un travail d'enseignement-apprentissage de la langue;
– pour la révision et l'intégration des connaissances acquises;
– pour l'évaluation et l'auto-évaluation: mise au point des connaissances;
– pour l'identification des besoins langagiers: les élèves pourront identifier les connaissances qu'ils doivent acquérir par rapport aux besoins d'expression posés par l'activité. Après avoir recherché les informations nécessaires et avoir reçu, éventuellement, les explications du professeur, ils pourront revenir à l'activité.
– comme stimulus pour "apprendre à apprendre": professeurs et élèves trouveront des suggestions pour réfléchir sur les processus d'apprentissage. Dans ce sens, les élèves reçoivent des indications pour essayer d'élaborer leurs propres activités de travail sur la langue.

> **Note importante:** Bien que les suggestions pour "apprendre à apprendre" apparaissent en bas de la page de gauche, ou page du professeur, de chaque unité, elles sont directement liées à la première activité, c'est-à-dire celle qui est illustrée sur la page de droite de chaque unité, ou page de l'élève.
>
> De plus, les suggestions pour la phase "apprendre à apprendre" sont rédigées dans un style direct, qui s'adresse directement à l'élève. C'est au professeur de les adapter comme bon lui semblera.

D'une façon générale, les activités sont courtes et elles peuvent être réalisées en un temps assez bref. Cependant, elles sont orientées de façon à pouvoir être intégrées dans une programmation globale, si le professeur le considère approprié. Voilà pourquoi, sur la page du professeur, en plus des explications sur le développement des activités, il y a des précisions relatives aux contenus d'enseignement-apprentissage et aux stratégies.

Les stratégies et "apprendre à apprendre" sont deux aspects étroitement liés. Ils se rattachent tous les deux à une conception processuelle de l'enseignement-apprentissage selon laquelle le rôle de l'enseignant est d'observer comment les élèves apprennent pour bâtir son enseignement.

La plupart des activités comportent des phases orales et écrites. Les besoins de la présentation du matériel semblent accorder une plus grande importance à la langue écrite. Cependant, il est important de souligner qu'un grand nombre de jeux sont conçus pour être faits oralement et en interaction. La correction à l'oral ne devra pas entraver le déroulement des activités et le jeu de l'interaction. La correction de l'écrit, elle, devrait surtout viser les objectifs de l'activité (orthographe du lexique ou de la conjugaison des verbes, etc.). Bien entendu, la correction de l'orthographe est souvent un problème étroitement lié, en français, à la grammaire. Les activités d'auto-correction, les corrections en groupe et la correction du reste des camarades (hétéro-correction) semblent donc appropriées du point de vue du processus d'acquisition de l'orthographe.

Finalement, bien que la plupart des activités concernent la cohérence de la phrase, il y a des pratiques d'écriture de petits textes qui exigent de prendre en compte des critères de cohérence et de cohésion du discours qui dépassent les questions simplement orthographiques. Ces aspects sont précisés dans les suggestions qui accompagnent les activités correspondantes.

Apprendre et comprendre 1

Savoir donner des ordres

Stratégies: Comprendre des textes et savoir repérer les nuances de sens
Observer et relever les expressions reliées aux actes de parole tels que donner des instructions, donner des conseils, formuler des demandes

Grammaire: Impératif affirmatif et négatif
Verbes pronominaux et non pronominaux
Vous de politesse
Adjectifs possessifs de la 2ème personne: *votre, vos*
Compléments circonstanciels de manière
Modalisation

Lexique: Expressions servant à orienter la conduite d'autrui
Actions de la vie quotidienne

Activité 1

Tout en travaillant individuellement ou en équipe, les joueurs doivent relier chaque petit texte au personnage qui correspond. Le premier qui aura réussi sera le gagnant.

Suggestions: Après avoir terminé la tâche, vérifiez que les petits textes ont été bien compris en posant des questions qui permettront d'évaluer la compréhension des nuances de sens entre les textes.

> **Réponses:** A6 B9 C1 D3 E2 F8 G4 H7 I5

Activité 2 Élargissement

Divisez la classe en équipes de deux ou trois joueurs. Chaque équipe aura un/une secrétaire qui, aidé/e par le reste des membres du groupe, écrira un petit texte donnant des instructions ou des conseils qui auraient pu être produits par l'un des personnages suivants:

un agent de police, un instructeur de vol, un docteur/médecin, le chef/le patron d'un bureau/d'une entreprise, un professeur, un professeur qui cherche à rendre plus autonomes ses élèves, un chef de bande (de brigands, de gangsters), un curé.

Les instructions ou les conseils seront lus au reste de la classe qui devra deviner qui les a prononcés.

Activité 3

Mimer des actions: du geste à l'action

Vous pouvez commencer par faire vous-même des gestes pour dire à un élève de sortir de sa place et d'aller se mettre à côté de vous.

Comme si vous étiez aphone, demandez par des gestes à cet élève et au reste de la classe de vous aider en prononçant les mots que, dans la simulation, on a supposé que vous ne pouviez pas prononcer. Exemple: *Lève-toi, Sors du rang, Viens ici/à côté de moi/ à mon bureau...* Il n'est pas important de bien mimer les actions puisque les malentendus auront une conséquence positive: les élèves devront reformuler plusieurs fois leurs hypothèses. Ensuite, proposez à l'ensemble de la classe de deviner quels sont les gestes qui correspondent aux instructions suivantes:

Asseyez-vous.   Enlevez vos pulls, s'il vous plaît.   Allumez, s'il vous plaît.

Finalement, demandez au premier élève, avec lequel vous aviez commencé à exemplifier cette activité, de jouer votre rôle: mimer des actions et demander de deviner les instructions/demandes/conseils correspondants.

Apprendre à apprendre

- Relevez les mots ou expressions qui vous ont aidé à attribuer chaque texte à un personnage. Comparez vos stratégies à celles de vos camarades.
- Classez les instructions en deux ensembles: 1. Adressées à un groupe. 2. Adressées à un individu. Justifiez vos réponses. Discutez vos opinions avec vos camarades. Tirez des conclusions sur l'emploi du pronom *vous*.
- Est-ce que les impératifs ne se conjuguent jamais avec des pronoms personnels? Justifiez vos réponses. Discutez vos opinions avec vos camarades.
- Relevez les expressions qui concernent la manière de réaliser les actions.
- Classez les instructions en trois ensembles, selon l'attitude que vous attribuez au professeur: 1. Énergique. 2. Collaboratrice, gentille. 3. Neutre. Soulignez les expressions qui ont guidé vos décisions. Discutez vos opinions avec vos camarades.

Apprendre et comprendre 1

Savoir donner des ordres

Écrivez sous chaque bulle le numéro correspondant au personnage.

 **1** moniteur de gymnastique

 **2** professeur de danse

 **3** nourrice

 **4** maître nageur

 **5** entraîneur de tennis

 **6** moniteur d'auto-école

 **7** chef de cuisine

 **8** professeur de langue

 **9** metteur en scène de théâtre

---

A — Continuez tout droit. Regardez dans le rétroviseur. Ne vous retournez pas! Ne doublez pas encore! Attendez, s'il vous plaît: attention à vos clignotants. Allez-y maintenant.

B — Ne parlez pas si fort, s'il vous plaît. Vous êtes amoureux d'elle. Essayez d'imaginer que vous éprouvez ce sentiment. Rapprochez-vous un peu plus d'elle.

C — Allez! Touchez la pointe de vos pieds avec le bout des doigts! Ne fléchissez pas vos genoux. Voilà! C'est bien! Redressez-vous ... doucement. Attention à votre dos! Tenez-vous droits!

D — Je vous rappelle qu'il faut surtout vérifier que l'eau est à la bonne température. Faites bien attention à toujours maintenir sa tête hors de l'eau. Mais soyez calme, n'ayez pas peur: Autrement, elle percevra que vous êtes tendue. Alors, vous pouvez la mettre doucement dans l'eau.

E — Voyons, messieurs, avancez votre pied gauche. En vous appuyant sur votre jambe droite, inclinez-vous harmonieusement. Faites tourner votre partenaire.

F — Ne traduisez pas mot à mot. Écoutez attentivement. Pratiquez la langue autant que vous le pourrez.

G — Mettez-vous dans l'eau sur le dos. Ne paniquez pas. Tenez votre corps droit. Commencez à remuer doucement vos jambes.

H — Mélangez doucement. Ajoutez un peu d'eau. Ne portez pas à ébullition. Baissez un peu la flamme.

I — Étirez vos bras. Fixez votre regard sur la balle. Ne remuez pas trop.

©Auteurs 1997
HEINEMANN FRANÇAIS LANGUE ÉTRANGÈRE

Tester ses connaissances 1

Tourbillon d'adjectifs

Stratégies: Auto-évaluer les propres connaissances en regroupant le lexique sous des catégories générales; utiliser ces catégories pour déduire la signification de certains mots

Grammaire: Genre des adjectifs

Lexique: Adjectifs concernant la température; la texture; la forme; la taille; la saveur; la couleur
Adjectifs pour décrire les personnes et les objets

Activité 1

Divisez la classe en équipes de deux ou trois joueurs. Chaque équipe choisira un/une secrétaire qui, avec l'aide des autres, écrira les adjectifs en les classant dans la colonne qui correspond.

> **Réponses:**
> **la température:** froid(e), glacé(e), brûlant(e), chaud(e), tiède, bouillant(e)
> **la texture:** doux/douce, dur(e), rugueux(euse), mou/molle, lisse
> **la forme:** carré(e), rond(e), triangulaire, pointu(e), ovale, allongé(e)
> **la taille:** grand(e), petit(e), immense, long/longue, large, gros(grosse)
> **la saveur:** âpre, poivré(e), fade, salé(e), sucré(e), aigre
> **la couleur:** fluorescent(e), clair(e), brillant(e), pâle, blafard(e), foncé(e)

Suggestion: Vous pouvez proposer de construire des phrases pour illustrer la signification de l'adjectif. Exemples:

Il faisait très froid et le vent était glacé.
C'était un soir du mois d'août, il faisait chaud, j'ai ouvert les volets et une bouffée d'air brûlant est entrée par la fenêtre.

Activité 2 Élargissement

Des adjectifs pour décrire les personnes

Écrivez les catégories suivantes et demandez aux équipes d'écrire autant d'adjectifs qu'elles le pourront dans chacune. Accordez 10 minutes.

Âge	Poids	Constitution	Couleur des cheveux	Caractère
jeune	léger	délicate	blond	généreux
vieux	mince	faible	brun	gentil
âgé	gros	robuste	roux	froid

Les secrétaires de chaque équipe liront à haute voix leurs listes d'adjectifs. Chaque adjectif répété devra être barré. La liste gagnante sera celle où il restera le plus grand nombre d'adjectifs.

Activité 3 Élargissement

Des adjectifs pour décrire des objets

Expliquez à la classe que vous allez lire la description d'un objet. L'objectif de l'activité est de découvrir de quel objet il s'agit. Exemple:

Il a une sorte de longue tige. D'habitude cette tige est métallique et recourbée au bout pour faire poignée. La poignée est normalement en bois ou en plastique. La tige s'ouvre en haut en une espèce d'armature ou charpente métallique pliante. Sur cette armature métallique s'étend une étoffe synthétique ou en coton. En tout cas, ce tissu est toujours imperméable. Qu'est-ce que c'est?
(C'est un parapluie.)

Ensuite, vous proposerez aux équipes d'écrire des descriptions de différents objets. Chaque équipe lira son petit texte descriptif à tour de rôle et les autres devront essayer de deviner de quel objet il s'agit. La lecture peut être interrompue si l'une des équipes croit pouvoir dire le nom de l'objet, mais chaque équipe ne peut proposer qu'une seule solution. L'équipe gagnante sera celle qui aura deviné le plus grand nombre d'objets.

Suggestion: Les descriptions peuvent aussi porter sur des personnages célèbres.

Tester ses connaissances 1

Tourbillon d'adjectifs

Classez les adjectifs suivants dans les catégories qui correspondent.
Pour chaque adjectif, écrivez le masculin et le féminin.

fluorescent lisse glacé large clair
doux carré froid pointu poivré
dur foncé salé brûlant rond
long rugueux gros brillant immense
sucré blafard aigre bouillant
triangulaire chaud mou
pâle fade âpre
petit
ovale tiède allongé grand

La température

....
....
....
....
....
....

La texture

....
....
....
....
....
....

La forme

....
....
....
....
....
....

La taille

....
....
....
....
....

La saveur

....
....
....
....
....

La couleur

....
....
....
....
....

Analogies et contrastes 1

Au bureau

Stratégies: Apprendre du lexique et pratiquer les structures de la comparaison tout en établissant des analogies et des contrastes

Grammaire: La phrase comparative:
Plus de + nom
Autant de + nom
Plus + adjectif
Aussi + adjectif

Lexique: Au bureau

Activité 1

Individuellement ou par équipes, les joueurs écriront 10 phrases exprimant des analogies et des différences entre les deux bureaux. Il faudra faire attention à l'accord des adjectifs et aux différences de la structure comparative selon que la comparaison porte sur des noms ou sur des adjectifs.

*Il y a **plus d'**enveloppes.*
*Il n'y a pas **autant de** timbres.*
*La corbeille est **plus** remplie de papiers.*
*Les ciseaux sont **aussi** grands.*

Suggestion: On peut demander de préciser l'endroit où se trouve ce qui fait l'objet de la comparaison. Exemple:
Il y a autant de trombones dans le tiroir.

> ### Réponses:
>
> **Dans B:**
> Il y a autant de coquilles (sur la lettre tapée à la machine).
> Il y a plus de lettres auxquelles répondre.
> Il n'y a pas autant d'argent (dans la caisse).
> Il y a autant de trombones dans le tiroir.
> Il n'y a pas autant de stylos.
> Il n'y a pas autant de classeurs.
> Le bureau est aussi encombré.
> La lettre tapée à la machine est aussi mal présentée.
> La tasse de café est plus pleine.
> Les tiroirs et la caisse sont aussi ouverts.

Analogies et contrastes 1

Au bureau

Comparez les deux images suivantes et écrivez ce qui est différent ou semblable dans l'image B.

Utilisez les noms et les adjectifs suivants. (Attention: les adjectifs sont au masculin mais il faudra faire l'accord.)

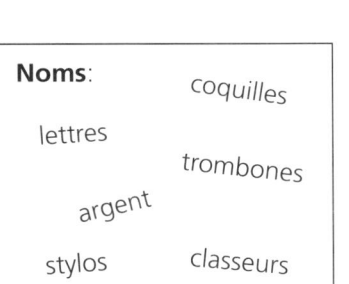

Noms: coquilles, lettres, trombones, argent, stylos, classeurs

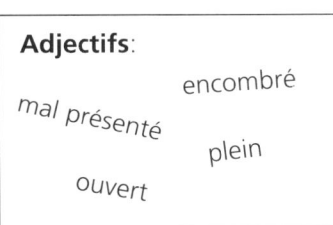

Adjectifs: encombré, mal présenté, plein, ouvert

Il y a **plus** d'enveloppes.

Il n'y a pas **autant de** timbres.

La corbeille est **plus** remplie de papiers.

Les ciseaux sont **aussi** grands.

Écrivez 10 phrases:

1 ....
2 ....
3 ....
4 ....
5 ....
6 ....
7 ....
8 ....
9 ....
10 ....

©Auteurs 1997
HEINEMANN FRANÇAIS LANGUE ÉTRANGÈRE

Mise en jeu des connaissances 1

Des souhaits au bord de l'eau

Stratégies: D'après le contexte offert par une image,
– mettre en jeu ses connaissances générales pour avancer les propos des personnages
– comparer plusieurs manières différentes d'exprimer une même idée

Grammaire: Subjonctif pour exprimer les souhaits (verbe *vouloir* + *que* + subjonctif)
Subjonctif des verbes en -*er*, -*yer* et du verbe *faire*
Pronoms complément: *lui/leur/l' (la, le)*

Structures: *Vouloir que quelqu'un fasse quelque chose/Demander à quelqu'un de faire quelque chose/ Dire à quelqu'un de faire quelque chose*
Aider quelqu'un à faire quelque chose, donner à boire/à faire, etc.
Faire voir

Lexique: À la plage

Activité 1

Quand les élèves, individuellement ou en groupes, auront fait l'activité de la page 13, vous pourrez leur proposer quelque chose de plus difficile. On peut exprimer la même demande en utilisant la structure *demander à quelqu'un de faire quelque chose*. A partir des phrases construites avec le subjonctif, demandez-leur qu'ils les transforment en utilisant la structure précédente.

Activité 2 Mimer des actions

Vous expliquerez aux élèves qu'ils devront deviner les actions que vous mimez. Avant de commencer à représenter l'action par des gestes vous l'écrirez sur un papier, bien sûr sans le montrer. Exemple: *Je veux que vous écriviez votre numéro de téléphone.* D'abord vous pouvez demander à un élève d'essayer de deviner l'action que vous voulez qu'il fasse en interprétant vos gestes. Vous direz *oui* ou *non* avec la tête pour orienter ses hypothèses

Réponses:

Vouloir + *que* + subjonctif
1. Elle veut qu'il lui achète une glace.
2. Il veut qu'elle l'essuie avec la serviette.
3. Elle veut qu'il lui apporte son seau.
4. Elle veut qu'il l'aide à construire un château de sable/à faire des pâtés de sable.
5. Il veut qu'il lui renvoie son ballon.
6. Elle veut qu'ils lui fassent voir leur journal.
7. Il veut qu'elle lui donne à boire.
8. Il veut qu'ils lui louent une chaise longue.

Transformation: *Demander à quelqu'un de faire quelque chose/Dire à quelqu'un de faire quelque chose.*
1. Elle lui demande de lui acheter une glace./Elle lui dit de…
2. Il lui demande de l'essuyer avec la serviette…
3. Elle lui demande de lui apporter son seau…
4. Elle lui dit de l'aider à faire des pâtés de sable./Elle lui demande de l'aider à…
5. Il lui dit de lui renvoyer son ballon…
6. Elle leur dit de lui faire voir leur magazine…
7. Il lui demande à boire./Il lui dit de lui donner à boire.
8. Il leur demande de lui louer une chaise longue./Il…

jusqu'à ce qu'il arrive à produire une phrase du genre: *Vous voulez que j'écrive mon numéro de téléphone/Vous me demandez d'écrire mon numéro de téléphone…* Après, ce sera cet élève qui devra écrire une action sur un papier (Exemple: *Je veux que tu me passes tes stylos; je veux que tu ouvres la fenêtre,* etc.), puis il devra la mimer. Il demandera à un autre camarade de la classe d'essayer de deviner sa demande et de la formuler.

Apprendre à apprendre

- Comparez les différentes structures utilisées pour exprimer le souhait: essayez de déterminer laquelle vous semble la plus facile ou la plus difficile et pourquoi.
- Les verbes de la liste proposée ci-dessus admettent des constructions directes ou indirectes, selon les cas (*aider quelqu'un à faire quelque chose, acheter quelque chose à quelqu'un,* etc.) Établissez un petit répertoire de ces structures à partir des verbes que vous venez d'utiliser (vous pouvez en ajouter d'autres que vous connaissiez déjà). Est-ce qu'il y a des différences par rapport à votre langue maternelle?
- Qu'est-ce que vous pensez que vous avez surtout appris (ou qu'est-ce que vous croyez que vous retiendrez davantage)? Le vocabulaire? Le subjonctif? Les pronoms? Les structures? etc.
- Comparez vos réponses avec celles de vos camarades.

Mise en jeu des connaissances 1

Des souhaits au bord de l'eau

Essayez d'interpréter ce que les enfants de l'image veulent demander aux adultes.

Employez les mots suivants :	renvoyer son ballon	apporter son seau
essuyer avec la serviette		faire voir leur journal
aider à construire un château	acheter une glace	louer une chaise longue	donner à boire

1 Elle veut qu'il lui achète une glace.

2 ....

3 ....

4 ....

5 ....

6 ....

7 ....

8 ....

©Auteurs 1997
HEINEMANN FRANÇAIS LANGUE ÉTRANGÈRE

Analogies et contrastes 2

Souvenirs d'une fête d'anniversaire

Stratégies: Saisir le rapport entre différentes actions dans le système du passé
Tirer des conséquences sur les aspects de l'action, selon le choix de la forme verbale

Conjugaison: Plus-que-parfait: rapports avec le passé composé et l'imparfait

Activité 1

En cinq minutes environ, les élèves devront écrire huit phrases exprimant les différences entre l'image A et l'image B. Cette activité peut être réalisée individuellement ou par équipes.

Réponses:

1. Quelqu'un avait allumé la télé.
2. Quelqu'un avait renversé le jus d'orange.
3. Quelqu'un avait cassé une assiette.
4. Quelqu'un avait ouvert le buffet.
5. Quelqu'un avait mangé tous les sandwichs.
6. Quelqu'un avait fait un dessin au mur.
7. Quelqu'un avait attaché un petit garçon à une chaise.
8. Quelqu'un avait enlevé les fleurs du vase.

Activité 2 Inventer des explications

Le plus-que parfait étant le temps des explications, vous pouvez proposer à la classe de donner des explications pour justifier certaines conduites hypothétiques. La classe peut être divisée en équipes. Les secrétaires de chaque équipe devront écrire une explication cohérente au plus-que-parfait pour chacune des situations que vous leur proposerez. Après la lecture de chaque question, vous accorderez deux minutes environ pour l'échange d'opinions entre les membres de l'équipe. Vous donnerez un point à chaque réponse juste.

Voici quelques suggestions qu'il faudra adapter, selon le niveau de votre classe:
 1. *Pourquoi avez-vous dit hier "Ne fais pas ça une deuxième fois!" à votre ami Henri?*
 2. *Pourquoi avez-vous dit hier "Merci" à votre mère?*
 3. *Pourquoi avez-vous dit hier "Attention!" à une vieille dame?*
 4. *Pourquoi avez-vous dit hier "C'est terrible!" à votre amie Susanne?*
 5. *Pourquoi avez-vous dit hier "Je vous le promets" à votre professeur?*
 6. *Pourquoi avez-vous dit hier "Je l'espère bien" à votre ami Yves?*
 7. *Pourquoi avez-vous dit hier "Je ne peux pas" à votre père?*
 8. *Pourquoi avez-vous dit hier "C'est très gentil de votre part" à votre voisin?*
 9. *Pourquoi avez-vous dit hier "Ne sois pas bête!" à votre ami Pierre?*
 10. *Pourquoi avez-vous dit hier "Non, merci" à votre amie Anne?*

Apprendre à apprendre

- Comparez les deux phrases suivantes:
   a) *Quand elle est rentrée, un petit garçon en **attachait** un autre à la chaise.*
   b) *Quand elle rentrée, un petit garçon en **avait attaché** un autre à la chaise.*
   Dans laquelle de ces deux situations la mère de Christine aurait-elle pu encore éviter l'action du petit garçon? Est-ce que vous sauriez décrire comment chacun des verbes en caractère gras présente l'action?
- Comparez maintenant ces trois phrases:
   a) *Quand elle est rentrée, un petit **a renversé** le jus d'orange.*
   b) *Quand elle est rentrée, un petit **renversait** le jus d'orange.*
   c) *Quand elle est rentrée, un petit **avait renversé** le jus d'orange.*
   Écrivez à côté des affirmations ci-dessous les lettres a), b) ou c) pour montrer que vous saisissez le rapport que les temps permettent d'établir entre les deux actions exprimées dans les phrases. Puis comparez et discutez vos réponses avec celles de vos camarades, surtout quand vous avez mis plus d'une lettre après l'affirmation.
- Les deux actions se montrent comme simultanées ou presque. [réponse: a)]
- L'action de *renverser* se présente en cours de se produire. [réponse: b)]
- L'action de *renverser* avait commencé avant l'entrée de la dame [réponse: b), c)]
- L'action de *renverser* avait fini avant l'entrée de la dame. [réponse: c)]
- L'action de *renverser* n'avait pas encore fini quand la dame est entrée. [réponse: b)]
- On pourrait penser que l'action de *renverser le jus* est la conséquence de *l'entrée de la dame*, parce que, peut-être, le petit garçon a eu peur. [réponse: a)]

Analogies et contrastes 2

Souvenirs d'une fête d'anniversaire

Le week-end dernier Christine a fêté son anniversaire. Quand sa mère a quitté la pièce où se trouvaient les enfants pour aller chercher le gâteau dans la cuisine, tout était en ordre.

Mais quand elle est revenue ...

Essayez de trouver les huit choses qui se sont passées d'après l'image B.

Utilisez les verbes suivants:
casser, enlever, renverser, allumer, ouvrir, manger, faire un dessin, attacher

1. Quelqu'un avait allumé la télé.
2.
3.
4.
5.
6.
7.
8.

Projeter des connaissances et trouver la règle 1

Le plaisir de raconter

Stratégies: Établir la cohérence des textes tout en tenant compte des aspects logiques (pragmatiques) et formels (cohérence des temps)
Observer le fonctionnement de la langue et apprendre à systématiser les connaissances

Grammaire: L'accord du participe passé avec les auxiliaires *être* et *avoir*

Conjugaison: Passé composé, imparfait, plus-que-parfait

Lexique: Vocabulaire de la vie quotidienne

Activité 1

Divisez la classe en petits groupes. D'abord, il faudra associer chacune des phrases proposées à une des images. Ensuite, les équipes devront compléter les bribes de conversations téléphoniques de manière cohérente en conjugant les verbes de l'encadré au passé composé, au plus-que-parfait ou à l'imparfait. Les phrases seront écrites dans les pointillés afin de vérifier que les accords ont été faits correctement.

Réponses:

1 A J'ai perdu les clés de ma voiture. Pourtant je les avais mises dans mon sac.
2 H J'ai acheté un nouveau chemisier. Il ne m'a coûté que 100F.
3 D Je suis allé chez le dentiste car j'avais deux dents cariées. Il me les a arrachées.
4 C Je me suis blessée. Je me suis coupé la main avec une boîte de haricots.
5 E J'ai trouvé un emploi. Je l'ai vu annoncé dans le journal.
6 G J'ai réussi à mon examen. J'ai l'ai passé sans difficulté.
7 F Je me suis disputée avec mon petit ami. Il m'a traitée d'imbécile.
8 B Mes lunettes sont irréparables. Je les ai cassées en me cognant contre un mur.

Apprendre à apprendre

a) Parmi les phrases que vous venez d'écrire, relevez-en quelques-unes comme modèles de phrases aux temps du passé:
- passé composé: actions présentées comme ayant un début et une fin. Exemple: *Je me suis disputée avec mon petit ami.*
- imparfait: descriptions, commentaires. Actions présentées sans limites précises, dans leur déroulement. Exemple: *J'avais deux dents cariées.*
- plus-que-parfait: explications. Actions antérieures à celles qui sont exprimées au passé composé. Exemple: *… je les avais mises dans mon sac.*

Comparez vos exemples avec ceux de vos camarades et discutez des différences possibles.

b) Accords
Réécrivez quelques-unes des phrases que vous venez de construire comme exemples de l'accord du participe passé.
- Accord entre sujet et participe passé des verbes conjugués avec l'auxiliaire *être*.
Exemple: *Je suis allé chez le dentiste.*
- Accord entre sujet et participe passé des verbes pronominaux.
Exemple: *Je me suis blessée.*
- Accord entre le participe passé des verbes conjugués avec l'auxiliaire *avoir* et l'objet direct pronominal placé avant le verbe.
Exemple: *Je les avais mises dans mon sac.*

Note pour le professeur: Faites identifier les différentes fonctions des pronoms personnels pour expliquer les différences d'accord.
L'objectif de cette activité est de développer la capacité analytique et métalinguistique des élèves. Il est donc important d'encourager la réflexion collective et la discussion.

Projeter des connaissances et trouver la règle 1

Le plaisir de raconter

Qu'est-ce que ces gens sont en train de raconter au téléphone?
- Associez chacune des images aux bribes de conversation que vous trouverez ci-dessous
- Complétez les petits récits téléphoniques à l'aide des verbes proposés dans l'encadré. Il vous faudra reconstruire la cohérence en faisant attention au contenu du message mais aussi en choisissant correctement le temps des verbes: passé composé, imparfait ou plus-que-parfait.

Attention à l'accord du participe passé !

| Verbes à employer: | coûter | traiter de | voir | passer |
| casser | se couper | | arracher | mettre |

1 [A] J'ai perdu les clés de ma voiture. Pourtant je <u>les avais mises</u> dans mon sac.
2 [ ] J'ai acheté un nouveau chemisier. Il ne m'............................ que 100 francs.
3 [ ] Je suis allé chez le dentiste car j'avais deux dents cariées. Il me ....
4 [ ] Je me suis blessée. Je .... la main avec une boîte de haricots.
5 [ ] J'ai trouvé un emploi. J'............................ annoncé dans le journal.
6 [ ] J'ai réussi à mon examen. Je .... sans difficulté.
7 [ ] Je me suis disputée avec mon petit ami. Il .... d'imbécile.
8 [ ] Mes lunettes sont irréparables. Je .... en me cognant contre un mur.

©Auteurs 1997
HEINEMANN FRANÇAIS LANGUE ÉTRANGÈRE

Mise en jeu des connaissances 2

Manières de dire

Stratégies: Association d'actes de parole et d'émotions
Déduction des règles de formation des adverbes de manière

Grammaire: Révision du féminin des adjectifs
Modalisation
Formation des adverbes de manière
Adjectifs en -*ant* et -*ent*; adverbes en -*amment* et en -*emment*
Cas particuliers

Lexique: Expression des émotions et des sentiments

Activité 1

Individuellement ou par équipes, les élèves devront décider quelle est la bulle qui convient le mieux aux adverbes de manière proposés dans la liste.

Suggestion: Une fois cette activité achevée, vous pouvez demander aux élèves de lire les phrases des bulles avec l'intonation et l'expression appropriées.

Réponses:

1. "Tais-toi!", dit-elle l'air fâché.
2. "Laisse-moi t'aider" dit-elle gentiment.
3. "Ce n'est pas grave si je dois attendre", dit-elle patiemment.
4. "La prochaine fois que vous arriverez en retard, vous serez renvoyé", dit-elle sévèrement.
5. "Je t'aime", dit-elle passionnément.
6. "J'ai obtenu mon permis de conduire", dit-elle joyeusement.
7. "Je n'irai pas", dit-elle résolument.
8. "S'il te plaît, ne me regarde pas", dit-elle timidement.
9. "Je suis tellement seule", dit-elle tristement.
10. "Pourriez-vous me prêter un peu d'argent?", dit-elle naïvement.
11. "Pousse-toi, laisse-moi passer!", dit-elle agressivement.

Activité 2 Élargissement

Il s'agit d'élaborer collectivement une liste avec des expressions adverbiales tout en variant les structures. Exemple: *drôlement, l'air ennuyé, l'air triste, l'air pensif, malheureusement, certes, volontiers, vraiment, bêtement, lentement, à contrecœur, avec enthousiasme*, etc.

Ensuite, chaque équipe doit écrire un énoncé pour chacune de ces modalisations. Après la lecture à haute voix des énoncés proposés par chacune des équipes, la classe décidera quelles sont les phrases qui lui semblent le mieux exprimer la signification de l'adverbe.

Activité 3

Divisez la classe en équipes et écrivez au tableau une liste de verbes. Exemple: *écrire, travailler, conduire, danser, chanter, manger*. Chaque équipe devra écrire autant d'adverbes de manière (adverbes en -*ment*, attributs ou expressions adverbiales) qu'il lui sera possible d'imaginer pour chacun des verbes proposés. Vous accorderez un temps de 10 minutes maximum. Exemples:

écrire	*travailler*	*conduire*	*danser*	*chanter*	*manger*
bien	dur, durement	mal	harmonieusement	à tue-tête	lentement
proprement	soigneusement	à grande allure, vite, rapidement	élégamment	faux/juste	avec gourmandise
avec propreté					

Apprendre à apprendre

- Écrivez l'adjectif qui correspond à chacun des adverbes de manière qui ont été proposés.
- Comparez les "adjectifs source" aux adverbes et essayez de formuler les règles de formation des adverbes de manière en français.

Note pour le professeur: Il s'agit de développer la capacité de réaliser des inférences sur la langue et de systématiser les observations. Toutefois, le professeur orientera la réflexion tout en tenant compte de certaines caractéristiques de la modalisation de manière en français. Exemples:

- On forme les adverbes en -*ment* en ajoutant ce suffixe au féminin de l'adjectif: *joyeusement, naïvement, agressivement*, etc.
- Si l'adjectif se termine au masculin par une voyelle, on enlève le -*e* du féminin avant d'ajouter le suffixe -*ment*: *résolument, passionnément*.
- Il y a des adjectifs qui ne peuvent pas donner naissance à des adverbes en -*ment*: *fâché, content*, etc. On peut dire alors: *l'air fâché*, etc.
- *Gentil* donne *gentiment*.
- Les adjectifs en -*ant* et -*ent* donnent des adverbes en -*amment* et en -*emment* (attention à la prononciation!). Exemples: *patiemment (méchamment, prudemment*, etc.)

MISE EN JEU DES CONNAISSANCES 2

Manières de dire

Comment pensez-vous que ces phrases sont prononcées?
(intonation, intention, état d'esprit...)

Tais-toi!

Laisse-moi t'aider.

J'ai obtenu mon permis de conduire.

Je suis tellement seule.

Ce n'est pas grave si je dois attendre.

La prochaine fois que vous arriverez en retard, vous serez renvoyé.

Je n'irai pas.

Je t'aime.

Je lui ai prêté de l'argent et il ne me l'a jamais rendu.

Pousse-toi, laisse-moi passer!

S'il te plaît, ne me regarde pas.

1 *Tais-toi* ...., dit-elle l'air fâché.
2 ...., dit-elle gentiment.
3 ...., dit-elle patiemment.
4 ...., dit-elle sévèrement.
5 ...., dit-elle passionnément.
6 ...., dit-elle joyeusement.
7 ...., dit-elle résolument.
8 ...., dit-elle timidement.
9 ...., dit-elle tristement.
10 ...., dit-elle naïvement.
11 ...., dit-elle agressivement.

©Auteurs 1997
HEINEMANN FRANÇAIS LANGUE ÉTRANGÈRE

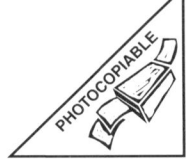

Analogies et contrastes 3

C'est lui ou c'est elle?

Stratégies: Observer une illustration et saisir les nuances
Donner une réponse sur un aspect précis

Grammaire: Mise en relief avec la formule *C'est... qui/C'est... que*

Lexique: Loisirs

Activité 1 C'est lui ou c'est elle?

Individuellement ou en équipe, les joueurs doivent écrire la phrase qui convient. Le premier à avoir réussi sera le gagnant. Avant de commencer l'activité, faites remarquer que la formule *C'est... qui/C'est... que* est utile pour mettre en contraste deux réponses possibles.

> **Réponses:**
> 1. C'est la glace qu'elle veut.
> 2. C'est la boisson qu'il veut.
> 3. C'est le garçon en pantalon qui monte à l'arbre.
> 4. C'est le garçon en short qui joue au ballon.
> 5. C'est le jouet qu'il laisse tomber.
> 6. C'est le biberon qu'il tient.
> 7. C'est l'homme aux lunettes qui promène le chien.
> 8. C'est l'homme sans lunettes qui lit le journal.
> 9. C'est la femme aux cheveux longs qui se fait bronzer.
> 10. C'est la femme aux cheveux courts qui fait du jogging.

Activité 2 Entraînement et élargissement lexical

Demandez aux équipes d'imaginer un scénario cohérent avec les verbes que vous leur proposerez. Les élèves devront utiliser des noms ou des pronoms comme sujets de leur phrases. Vous pouvez leur suggérer comme pronoms: *certains, l'un, l'autre, quelqu'un, quelques-uns, d'autres,* etc. Vous pouvez de même leur fournir du vocabulaire, selon le niveau de votre classe.
Il sera intéressant de comparer les différences entre les équipes et de les commenter.
Scénarios possibles:
1. *poursuivre, grimper à, chasser quelqu'un de quelque part, se battre, être allongé, se reposer, courir, hurler, grogner*
2. *lire, écrire, faire l'appel, bavarder, regarder par la fenêtre, sourire, se fâcher, faire des étourderies*
3. *entrer dans, appeler, choisir, rire, s'asseoir, parler, commander, déjeuner, demander, payer, sortir*

Activité 3 Les cas de l'inspecteur Mulhouse

Questions partielles et mise en relief.
Jeu à faire par équipes. Une équipe devra poser des questions à l'autre pour reconstruire les données de différents cas policiers. Les élèves pourront inventer leurs propres scénarios. Vous pouvez commencer par leur demander de vous poser des questions portant sur chacun des aspects de ces trois faits divers:

vers vingt heures	*un cambrioleur*	*un escroc*
dimanche soir	*chez les Dupin*	*toutes ses économies*
une vieille dame	*une horloge du XVIIIème siècle*	*une famille de paysans*
un voleur		*par une ruse assez connue*

Apprendre à apprendre

- Qu'est-ce que vous avez appris avec cet exercice?
- Dans votre langue maternelle, comment mettez-vous une réponse en relief?

Comparez vos conclusions avec celles des autres équipes.

Analogies et contrastes B

C'est lui ou c'est elle?

Regardez la scène, lisez les exemples et répondez aux questions.

1 Que veut la petite fille, la glace ou la boisson?
C'est la glace qu'elle veut.

2 Que veut le petit garçon, la glace ou la boisson?
....

3 Qui monte à l'arbre, le garçon en short ou le garçon en pantalon?
C'est le garçon en pantalon qui monte à l'arbre.

4 Qui joue au ballon, le garçon en short ou le garçon en pantalon?
....

5 Que laisse tomber le bébé, le biberon ou le jouet?
....

6 Que tient le papa du bébé, le biberon ou le jouet?
....

7 Qui promène le chien, l'homme aux lunettes ou l'homme sans lunettes?
....

8 Qui lit le journal, l'homme aux lunettes ou l'homme sans lunettes?
....

9 Qui se fait bronzer, la femme aux cheveux courts ou la femme aux cheveux longs?
....

10 Qui fait du jogging, la femme aux cheveux courts ou la femme aux cheveux longs?
....

©Auteurs 1997
HEINEMANN FRANÇAIS LANGUE ÉTRANGÈRE

Analogies et contrastes 4

Donner et apporter

Stratégies: Observer les détails d'une illustration pour l'associer à la phrase exacte

Grammaire: Doubles pronoms complément d'objet, accord du participe passé avec *avoir*: *Je te la donne. Je te l'ai apportée.*

Lexique: La plage

Activité 1

Individuellement ou en équipe, les joueurs doivent écrire les deux phrases qui conviennent sous chaque illustration. Le premier à avoir réussi sera le gagnant. Faites remarquer aux élèves qu'il n'y a pas plusieurs possibilités: dans chaque catégorie (celle avec *donner* au présent et celle avec *apporter* au passé composé), il n'y a qu'un seul choix possible pour chaque illustration. Assurez-vous aussi qu'ils connaissent le genre de *sandwich* (nom masculin) et de *glace* (nom féminin).

Réponses:

1. Je te la donne.
   Je te l'ai apportée.
2. Je vous les donne.
   Je vous les ai apportées.
3. Je te les donne.
   Je te les ai apportés.
4. Je vous le donne.
   Je vous l'ai apporté.
5. Je vous la donne.
   Je vous l'ai apportée.
6. Je te le donne.
   Je te l'ai apporté.
7. Je te les donne.
   Je te les ai apportées.
8. Je vous les donne.
   Je vous les ai apportés.

Activité 2 Élargissement

Si les élèves ont bien compris les principes (en particulier celui de l'accord du participe passé avec le pronom complément d'objet direct placé devant, et le fait que *lui* complément d'objet indirect peut être indifféremment masculin ou féminin), et selon le niveau de votre classe, vous pouvez introduire d'autres combinaisons de pronoms complément d'objet direct et pronoms complément d'objet indirect. Vous pouvez commencer par demander aux élèves de décrire les illustrations de la page 23 à la troisième personne. Exemple:

1. *Elle la lui donne./Elle la lui a apportée.*
2. *Elle les leur donne./Elle les leur a apportées.*
3. *Elle les lui donne./Elle les lui a apportés.*
4. *Elle le leur donne./Elle le leur a apporté.*
5. *Elle la leur donne./Elle la leur a apportée.*
6. *Elle le lui donne./Elle le lui a apporté.*
7. *Elle les lui donne./Elle les lui a apportées.*
8. *Elle les leur donne./Elle les leur a apportés.*

Chaque élève peut aussi préparer un petit test pour ses camarades, en faisant un dessin simple – mais montrant clairement le genre des personnes et le type d'objet – sur une feuille de papier, puis en pliant la feuille et en écrivant la légende correspondante à l'intérieur de la feuille. Le destinataire écrit la légende qu'il pense être juste à côté du dessin, puis vérifie en ouvrant la feuille.

Analogies et contrastes 4

Donner et apporter

Pour chaque illustration, choisissez les deux seules phrases qui conviennent et écrivez-les.

je te l'ai apporté
je te l'ai apportée
je te les ai apportés
je te les ai apportées
je vous l'ai apporté
je vous l'ai apportée
je vous les ai apportés
je vous les ai apportées

je te le donne
je te la donne
je te les donne
je vous le donne
je vous la donne
je vous les donne

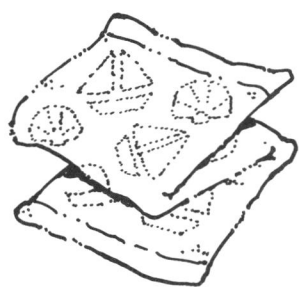 la serviette

 le ballon

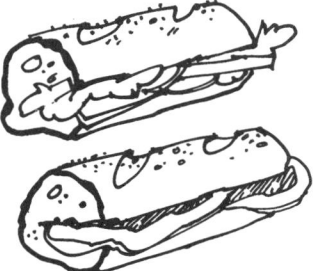 les sandwichs

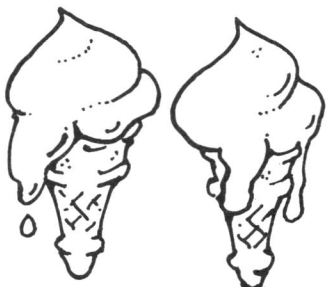 les glaces

1
Je te la donne.
Je te l'ai apportée.

2

3

4

5

6

7

8

Mise en jeu de la mémoire 1

Compagnons de voyage

Stratégies: Mémoriser une histoire en images et reconstruire la cohérence textuelle d'un récit

Grammaire: Concordance des temps dans le récit:
Passé composé
Imparfait
Plus-que-parfait
Déroulement de l'action au passé
Conditionnel-temps: futur du passé
Subordonnée conditionnelle: *si* + imparfait, conditionnel présent

Activité 1

Photocopier les pages 25 et 87.

Divisez la classe en équipes. Chaque équipe choisira un/une secrétaire. Distribuez la page ci-contre et accordez cinq minutes pour que les élèves essaient de mémoriser l'histoire en images. Ce temps écoulé, ils cacheront les images (ou bien vous rendront la feuille). Vous distribuerez après les photocopies avec le texte incomplet (page 87) dans lequel il faudra remplir les vides en choisissant l'une des formes verbales entre parenthèses. Accordez un délai de 20 minutes environ. L'équipe gagnante sera celle qui aura le plus de réponses justes.

Réponses:

Exceptionnellement, il pourra y avoir plusieurs réponses justes, mais il faudra surtout faire attention à la concordance des temps: le choix des formes verbales est dicté par des rapports de cohérence.

Il commençait déjà à faire nuit quand Manolo est sorti du collège. Il s'est arrêté un moment à la porte d'entrée, sur le perron, pour parler avec un camarade. Mais quand il a vu que son bus arrivait au carrefour où se trouvait l'arrêt, il a dit au revoir à son ami, il est descendu en courant et il a traversé la rue.

Malheureusement il y avait un trafic intense et quand il est arrivé de l'autre côté de la chaussée, le bus était déjà parti. Hélas! Il avait raté son bus et le prochain n'arriverait pas avant deux heures.

Manolo a regardé sa montre: il était six heures moins cinq et ses parents l'attendaient à la maison à sept heures. S'il n'arrivait pas à cette heure-là, ils seraient très en colère. Il fallait absolument trouver le moyen de rentrer à la maison.

Alors il a eu une idée. Un peu plus loin, à une centaine de mètres de l'endroit où il se trouvait, il y avait un marché qui fermait à six heures. Là il devait y avoir des camions prêts à partir sur la route qui passait près de son village.

Quand Manolo est arrivé, un camion était en train de démarrer. Il avait de la chance, le camion allait à Rosario, une petite ville juste après son village. Il n'avait pas le temps de parler avec le chauffeur. Manolo a sauté dans la partie arrière du camion, pendant qu'il était arrêté pour céder le passage à quelques voitures.

Manolo était content car il était sur le chemin du retour. Alors il s'est assis sur le sol mais il a eu une drôle de sensation. Il n'était pas véritablement assis sur le sol du camion mais sur quelque chose de mou. Il a regardé vers le bas et il a vu un gros cochon. Le camion était plein de cochons!

En arrivant à son village, Manolo a sauté du camion. Le bus du collège n'était pas encore arrivé. Quelques parents étaient en train d'attendre leurs enfants à l'arrêt.

Manolo a couru pour arriver chez lui. Quand il a ouvert la porte de sa maison, ses parents étaient déjà à table. Ils ont souri et son père lui a dit: "Tu arrives de bonne heure aujourd'hui." "Oui", a répondu Manolo, "j'arrive tôt mais j'empeste."

Activité 2 Vrai ou faux

Passé composé, imparfait, plus-que parfait, conditionnel présent

Racontez deux histoires à la classe. Dans l'une d'elles vous devez glisser des événements incroyables. Demandez aux élèves de travailler deux par deux pour décider laquelle de vos histoires est la vraie. Il convient de partir d'événements réels dans les deux cas, mais d'exagérer certains détails dans l'une des histoires. Employez dans les deux histoires les temps du système du récit (voir ci-dessus).

Puis, vous demanderez à chaque paire d'élèves de raconter, à tour de rôle, deux histoires. Le reste de la classe devra décider laquelle des deux est fausse et pourquoi.

Mise en jeu de la mémoire 1

Compagnons de voyage

Regardez l'histoire en images pendant cinq minutes et essayez de mémoriser ce qui se passe. Puis regardez le texte de la deuxième page.

Mise en jeu des connaissances 3

Des besoins et des souhaits

Stratégies: Choisir le verbe d'après le contexte et la signification tout en le conjugant correctement

Conjugaison: *Vouloir que* + subjonctif
Falloir que + subjonctif
Avoir besoin que + subjonctif
Espérer que + indicatif futur

Révision: Phrase interrogative

Lexique: Rapports personnels
Expression du souhait, du besoin, de la nécessité

Activité 1

En travaillant individuellement ou en équipes, les élèves devront associer chaque phrase à l'une des lettres de l'image en indiquant les propos des différents personnages.

Réponses:

1. D Tu veux que nous allions poster ces lettres ensemble?
2. H Ne t'en fais pas. Veux-tu que je réponde au téléphone?
3. A Veux-tu que je t'apporte un autre café?
4. E Merci bien. Quand as-tu besoin que je te rende cet argent?
5. B Il faut qu'on t'aide! Tu vas te faire mal au dos!
6. C Je vais parler avec le directeur. J'espère qu'il sera de bonne humeur.
7. F Je voudrais qu'on fasse des spaghettis à la bolognaise pour dîner ce soir. D'accord?
8. G Tu as l'air d'avoir chaud. Tu veux que je mette le ventilateur?

Activité 2 Élargissement

Le conditionnel présent: *j'aimerais/je souhaiterais/je voudrais* + subjonctif
Vous expliquerez aux élèves qu'il s'agit d'exprimer des souhaits afin de pouvoir résoudre différents problèmes.
Exemple:
Je n'ai pas d'argent. Je voudrais que ma petite amie m'aide.

a) Suggérez aux élèves de commencer par *Je voudrais que...* puis de donner une solution au problème. Vous pouvez leur proposer certains verbes, comme par exemple *pouvoir, offrir, faire, préparer,* etc. De même, selon le niveau de la classe, vous pouvez suggérer l'utilisation de pronoms indéfinis comme *quelqu'un* ou *on* + verbe à la troisième personne du singulier.

b) Divisez la classe en équipes. Distribuez des "problèmes" pour chaque équipe et accordez un temps limite pour compléter les propositions. Chaque bonne réponse vaudra un point. Si une équipe se trompe, la question passera à l'équipe suivante. Exemples:
Je suis trop fatiguée pour étudier. Je ne peux pas me concentrer. Je voudrais que...
J'ai très froid.
J'oublie souvent des choses.
Je m'ennuie beaucoup.
J'ai mal à la gorge.
J'ai perdu mon portefeuille.

Apprendre à apprendre

Comparez vos réponses avec celles de vos camarades.
Mettez en commun vos conclusions sur l'expression des besoins et des souhaits.

Mise en jeu des connaissances 3

Des besoins et des souhaits

Qu'est-ce que ces gens sont en train de dire? Associez chaque personnage à la phrase qui correspond.

| Verbes à utiliser: | aider | aller | apporter | être | faire | mettre | rendre | répondre |

1 [D] *Tu veux que nous allions* poster ces lettres ensemble? (*Tu veux que nous...*)
2 [ ] Ne t'en fais pas. .... au téléphone? (*Veux-tu que je...*)
3 [ ] .... un autre café? (*Veux-tu que je t'...*)
4 [ ] Merci bien. Quand .... cet argent? (*As-tu besoin que je te...*)
5 [ ] ....! Tu vas te faire mal au dos! (*Il faut qu'on t'...*)
6 [ ] Je vais parler avec le directeur. .... de bonne humeur. (*J'espère qu'il...*)
7 [ ] .... des spaghettis à la bolognaise pour dîner ce soir. D'accord? (*Je voudrais qu'on...*)
8 [ ] Tu as l'air d'avoir chaud. .... le ventilateur? (*Tu veux que je...*)

©Auteurs 1997
HEINEMANN FRANÇAIS LANGUE ÉTRANGÈRE

Tester ses connaissances 2

Actif ou passif?

Stratégies: Évaluer ses connaissances lexicales

Grammaire: Dérivation d'adjectifs à partir d'un verbe; valeur active/passive

Lexique: Émotions et sentiments

Activité 1

Individuellement ou par équipes, les élèves devront compléter les phrases tout en choisissant la forme juste.

> **Réponses:**
> 1. C'est un livre très intéressant.
> 2. C'est un film passionnant.
> 3. Tu es embarrassant.
> 4. Êtes-vous fatigué?
> 5. Je suis tout à fait étonné par ce résultat.
> 6. Je suis tellement préoccupé que je ne peux pas m'endormir.
> 7. Je trouve cet article vraiment choquant.
> 8. Je me sens terriblement déprimé.

Activité 2 Dériver des adjectifs

Écrivez une liste de verbes au tableau. Prononcez des phrases en vous arrêtant à la place des adjectifs. Pour chaque phrase, vous signalerez le verbe au tableau et les élèves individuellement ou par équipes devront écrire la forme dérivée qui correspond. Exemples:

Effrayer:	Il aime les films d'horreur et les histoires _effrayantes_.
Fatiguer:	J'ai eu une journée _fatigante_, mais je ne suis pas _fatiguée_.
Amuser:	Le film est _amusant_ mais mon petit ami ne semble pas _amusé_.
Intéresser:	C'est une idée _intéressante_ mais je ne suis pas un homme d'affaires.
Effrayer:	Allume! Je suis _effrayée_.
Surprendre:	La nouvelle est _surprenante_ et inattendue. Pourtant, ils n'ont pas l'air _surpris_.
Ennuyer, embêter:	Il me fait toujours des reproches. C'est _ennuyeux_ et _embêtant_.
Gêner:	Ce grand meuble devient _gênant_ dans une si petite pièce.
Gêner:	Elle a l'air _gêné_ et mal à l'aise dans cette réunion.

TESTER SES CONNAISSANCES 2

Actif ou passif?

2 passionnant/passionné

C'est un film ....

1 intéressé/intéressant

C'est un livre très *intéressant* ....

3 embarrassant/embarrassé

Tu es .... !

4 fatigué/fatigant

Êtes-vous .... ?

5 étonné/étonnant

Je suis tout à fait .... par ce résultat.

6 préoccupé/préoccupant

Je suis tellement .... que je ne peux pas m'endormir.

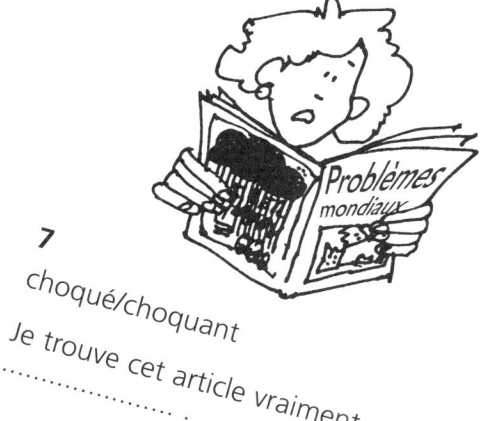

7 choqué/choquant

Je trouve cet article vraiment ....

8 déprimé/déprimant

Je me sens terriblement ....

Projeter des connaissances et trouver la règle 2

Actions et situations

Stratégies: Prendre conscience de la construction directe ou indirecte des verbes à partir de situations qui agissent comme stimulus

Grammaire: Verbes avec ou sans préposition
Verbes à un seul complément ou à deux compléments

Lexique: Vie quotidienne

Activité 1

Individuellement ou par équipes, les élèves devront associer les images aux phrases. Après ils devront compléter ces phrases en utilisant correctement les prépositions.

> **Réponses:**
>
> 1. G Elle s'excuse d'avoir réveillé la dame.
> 2. E Est-ce que ces souliers sont à toi?
> 3. A Il se plaint du repas au serveur.
> 4. J Elle ne peut pas se concentrer sur ses devoirs.
> 5. B De /À quoi tu rêvais?
> 6. C Pourquoi vous riez de moi?
> 7. I Je suis en train d'écouter mes voisins.
> 8. F Je cherche mes chaussettes.
> 9. H Jules doit toujours inviter Francis.
> 10. D Est-ce que vous pouvez vous occuper des enfants pendant un moment?

Activité 2 Élargissement

Écrivez d'un côté du tableau une liste de verbes et d'un autre côté une liste de prépositions (les symboles Φ ou Λ pouvant représenter l'absence de préposition dans les cas de constructions directes).

    Verbes: *être d'accord*
                   arriver
                   demander
    Prépositions: *à, avec, de, sur...*

Vous lirez des phrases en gardant le silence chaque fois que vous arriverez à un verbe. Les élèves devront choisir les verbes et les prépositions qui conviennent parmi ceux qui se trouvent dans les listes du tableau. Ce travail peut être réalisé individuellement ou par équipes. L'équipe gagnante sera celle qui aura obtenu le maximum de réponses justes. Exemples:

Être d'accord avec:	*Je me dispute souvent avec mon frère. je ne suis pas d'accord avec ses points de vue politiques.*
Arriver à:	*À quelle heure arrive mon train à la gare?*
Demander quelque chose à quelqu'un:	*Je déteste demander de l'argent à mes parents.*
Téléphoner à:	*Dès mon arrivée à l'hôtel, il faudra que je téléphone à mes parents.*
Croire à:	*Vous croyez aux horoscopes?*
Emprunter à:	*À qui avez-vous emprunté ce chapeau?*
Se préoccuper de:	*Ma petite sœur est très paresseuse. Elle ne se préoccupe pas de ses examens.*
Diviser en:	*En combien de morceaux je peux diviser ce gâteau?*
Tomber sur:	*J'ai rencontré un ancien ami à la gare. Je suis tombé sur lui par hasard.*
Penser à:	*À quoi vous êtes en train de penser?*
Parler de quelque chose à quelqu'un:	*Il faut que je parle de notre voyage à Sophie.*
Insister sur:	*Je crois qu'il ne faut plus insister sur cette question.*
Prévenir quelqu'un contre:	*Je l'ai prévenue contre lui, c'est maintenant à elle de faire attention.*
Inviter:	*Pour mon anniversaire, je ferai une grande fête et j'inviterai tous mes amis.*

Apprendre à apprendre

Comparez la construction de ces verbes avec celle de votre langue maternelle. Essayez de tirer des conclusions par analogie et par contraste.
Seriez-vous capables de formuler une ou deux règles orientatives pour le français?

PROJETER DES CONNAISSANCES ET TROUVER LA RÈGLE 2

Actions et situations

Associez les images aux phrases proposées ci-dessous. Puis complétez les phrases à l'aide des verbes entre parenthèses et, si nécessaire, des prépositions que vous trouverez dans l'encadré.

1. [G] Elle ……*s'excuse d'*…… avoir réveillé la dame. (*s'excuser*)
2. [ ] Est-ce que ces souliers ………………… toi? (*être*)
3. [ ] Il ………………… repas ………………… serveur. (*se plaindre*)
4. [ ] Elle ne peut pas ………………… ses devoirs. (*se concentrer*)
5. [ ] ………………… quoi tu ………………… ? (*rêver*)
6. [ ] Pourquoi ………………… moi? (*rire*)
7. [ ] Je suis en train d' ………………… mes voisins. (*écouter*)
8. [ ] Je ………………… mes chaussettes. (*chercher*)
9. [ ] Jules doit toujours ………………… Francis. (*inviter*)
10. [ ] Est-ce que vous pouvez ………………… enfants pendant un moment? (*s'occuper*)

```
AU      DES
À       DE
   DU
D'      SUR
```

©Auteurs 1997
HEINEMANN FRANÇAIS LANGUE ÉTRANGÈRE

Mise en jeu de la mémoire 2

Rêver des vacances: scène d'été

Stratégies: Projeter la pensée dans l'avenir

Conjugaison: Futur simple: sa valeur discursive d'anticipation
J'espère que + futur

Grammaire: *On* + verbe à la troisième personne du singulier
Accord sujet-verbe
Révision de la phrase négative: *ne... pas, ne... plus*

Lexique: Les loisirs; les vacances

Révision: Le découpage de la journée; l'heure

Activité 1

Photocopier les pages 33 et 88.

Divisez la classe en équipes de deux ou trois joueurs et demandez-leur de choisir un porte-parole ou secrétaire. Distribuez d'abord la photocopie de la page 33. Accordez trois minutes environ pour mémoriser et étudier le dessin. Ensuite, demandez aux élèves de cacher l'image ou de vous rendre la photocopie. Distribuez alors la page 88. Les secrétaires, aidés par le reste des membres de l'équipe, devront compléter les phrases en conjugant correctement les verbes au futur simple, à la forme affirmative ou négative selon les cas. Il s'agit de dire à quoi pense la jeune employée de bureau.

> **Réponses:**
> 1. Je ne serai plus assise à mon bureau.
> 2. Je serai assise en plein air, à la terrasse de mon hôtel.
> 3. J'espère qu'il ne pleuvra pas.
> 4. Le soleil brillera.
> 5. On me servira un petit déjeuner délicieux.
> 6. Je boirai un jus d'orange frais.
> 7. Tout le monde sera en maillot de bain.
> 8. Mes lunettes de soleil me protégeront de la lumière.
> 9. Les problèmes du bureau ne m'ennuieront plus.
> 10. Des jeunes gens nageront dans la piscine.
> 11. J'espère qu'il y aura de beaux monuments et des endroits intéressants à visiter.
> 12. Je m'amuserai bien.

Activité 2 L'agenda des loisirs

Commencez par donner un exemple. Écrivez au tableau quelques activités qui auraient pu être tirées d'un agenda contenant l'emploi du temps d'une journée de loisir ou de vacances.
Suggestions: Utilisez des noms réels et adaptez vos exemples aux caractéristiques des élèves.
Exemple:

Dimanche 25 juin
10h-11h: Se lever. Prendre un bon petit déjeuner.
11-12h30: Aller à la plage.
1h-2h: Rester allongé sur le sable. Bronzer au soleil.
2h-4h: Déjeuner au café L'Étoile de Mer.
4h-6h: Petite excursion en bateau à l'Île des Contrebandiers.
6h-7h: Visite au musée du château.
7h-9h: Dîner au restaurant Le Belvédère.
10h-1h du matin: Danser à la discothèque Les Corsaires.

Pour illustrer l'activité, placez-vous le dos au tableau pour ne pas voir la liste. Les élèves devront vous poser des questions du type:
– Qu'est-ce que vous ferez dimanche à 5h?
(Réponse: *Je visiterai le musée du château.*)
– Qu'est-ce que vous ferez à 10h10 du matin?
(Réponse: *Je prendrai mon petit déjeuner.*)

Faites remarquer aux élèves qu'il s'agit de ne pas poser des questions portant sur les heures exactes: au lieu de 10h juste, il faut poser des questions concernant les activités qui seront réalisées à *midi moins le quart* ou à *2h et demie de l'après-midi*. En fait, c'est aussi un jeu où l'on teste la mémorisation des activités par le joueur qui est interrogé.

Pour l'activité elle-même, divisez la classe en groupes de deux ou trois élèves. Demandez-leur d'écrire leur propre emploi du temps d'une journée de vacances, suivant le modèle proposé auparavant. Ils peuvent se baser sur des projets réels ou imaginaires. Ensuite, les équipes échangent leurs "agendas" et se posent mutuellement des questions pour vérifier la mémorisation. L'équipe gagnante sera celle qui aura réussi à répondre correctement au plus grand nombre de questions.

Mise en jeu de la mémoire 2

Rêver des vacances: scène d'été

Regardez l'image.

Vous disposez de trois minutes environ pour mémoriser la situation.

C'est samedi matin. Je suis au bureau. La semaine prochaine, à cette heure-ci, je serai en vacances et j'attends vraiment ce moment avec impatience.

Regardez maintenant la deuxième page.

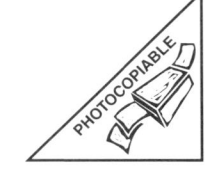

Tester ses connaissances 3

Des mots trompeurs

Stratégies: Évaluer les connaissances lexicales
Procéder par élimination
Observer comment définir ou donner des explications pour définir le sens des mots

Grammaire: Structure de présentation *(c'est, ce sont)* + pronoms relatifs *(qui, que, dont, où)*
Pronoms indéfinis: *quelqu'un, quelque chose*

Lexique: Vocabulaire varié; mots trompeurs; noms génériques: instrument, récipient, endroit, action, objet, groupe

Activité 1

Divisez la classe en deux équipes, A et B. Dites aux équipes de choisir un/une secrétaire. Les secrétaires, aidés par le reste de l'équipe, devront décider des réponses justes. L'équipe gagnante sera la première à compléter correctement l'activité.

> **Réponses:** 1b, 2c, 3a, 4b, 5c, 6c, 7a, 8b

Activité 2 Élargissement

Les secrétaires, aidés par le reste de l'équipe, devront écrire huit définitions tout en offrant plusieurs possibilités comme il a été fait dans l'activité proposée sur la page de l'élève. Ils pourront utiliser le dictionnaire mais la difficulté des mots proposés devra être raisonnable. De même, les mots devront être variés et correspondre à des gens, des objets, des lieux, etc. de façon à utiliser les différentes formes des pronoms relatifs dans les définitions.

Les équipes liront leurs définitions à haute voix et les autres équipes, après quelques moments de réflexion et d'échange d'opinions, devront choisir une des trois définitions proposées.

On accordera un point pour chaque réponse juste. L'équipe gagnante sera celle qui aura obtenu le plus de points.

Activité 3 Élargissement: L'inconnu connu

Pronom démonstratif + relatif *(celui qui/que...; celle qui/que...)*

Écrivez le nom d'un personnage célèbre sur un papier. Les élèves devront deviner son identité. Vous pouvez leur dire qu'il s'agit d'un acteur déjà mort dont le nom commence par la lettre C. La contrainte du jeu consiste à poser des questions où il y aura un pronom relatif ou une structure de pronom démonstratif + relatif. Exemple:

Joueur: *C'est un acteur qui est mort récemment?*
Professeur: *Non, il n'est pas mort récemment.*
Joueur: *C'est celui qui a dû donner un million de dollars à sa femme?*
Professeur: *Non.*
Joueur: *C'est celui dont la petite moustache l'a rendu célèbre?*
Professeur: *Oui.*

Le joueur qui aura deviné l'identité du personnage aura gagné le droit de décider qui sera le prochain "inconnu connu". Chaque joueur devra introduire brièvement son personnage. Exemple: *C'est un sportif dont le nom commence par un S. C'est un écrivain dont le nom commence par un H*, etc.

Apprendre à apprendre

- Comment avez-vous procédé pour élucider le sens des mots?
- Quels aspects des définitions ont le plus attiré votre attention?
- Qu'est-ce que vous avez appris avec cette activité (en plus de la significations des mots)?
- Proposez une activité d'apprentissage pour mieux fixer le vocabulaire dans votre mémoire.
- Comparez vos réponses avec celles de vos camarades.

TESTER SES CONNAISSANCES 3

Des mots trompeurs

Cochez la lettre qui correspond à la réponse juste.

1 un buvard	c'est quelqu'un qui boit beaucoup	a	☐
	c'est quelque chose qui boit l'encre	b	☐
	c'est quelqu'un qui vend des boissons	c	☐
2 un garde-fou	c'est quelqu'un qui surveille les fous dans un asile	a	☐
	c'est un endroit où l'on interne les fous	b	☐
	c'est quelque chose qui empêche les gens de tomber	c	☐
3 un poêle	c'est un appareil qui sert à chauffer	a	☐
	c'est un ustensile de cuisine qui sert à frire des aliments	b	☐
	c'est un récipient servant à transporter de l'eau	c	☐
4 un peuplier	c'est un petit village qui n'est pas trop peuplé	a	☐
	c'est un arbre au tronc mince et dont les feuilles sont parfois argentées	b	☐
	c'est un groupe de personnes qui peuple un territoire	c	☐
5 l'assaisonnement	c'est l'action qu'on réalise pour saisir un objet	a	☐
	c'est ce qui est propre à une saison de l'année	b	☐
	ce sont des ingrédients qui servent à relever le goût des aliments	c	☐
6 effronté	c'est quelqu'un qui a été vexé ou blessé dans son amour-propre	a	☐
	c'est quelqu'un qui a un front très petit	b	☐
	c'est quelqu'un qui n'a honte de rien	c	☐
7 ouvrable	ce sont les jours de la semaine qui sont consacrés au travail	a	☐
	ce sont les objets qui peuvent être ouverts	b	☐
	ce sont les matériaux qui peuvent être élaborés, décorés, façonnés	c	☐
8 la verdure	ce sont les légumes verts, des plantes qu'on mange: les haricots verts, les petits pois, etc.	a	☐
	ce sont les arbres, les plantes, etc. qui sont verts: la végétation	b	☐
	c'est une chose qui est vraie mais dure à accepter	c	☐

Mise en jeu des connaissances 4

Le vaisseau fantôme

Stratégies: Exprimer le début de l'accomplissement des actions en interprétant l'image

Conjugaison: Imparfait

Lexique: Activités de la vie quotidienne

Activité 1

Individuellement ou par équipes les élèves doivent écrire six phrases expliquant les différentes activités que l'équipage s'apprêtait à faire, en utilisant l'expression *être sur le point de*

Activité 2 Inventer des excuses, chercher des prétextes

Expliquez à vos élèves que vous allez leur demander pourquoi ils n'ont pas fait quelque chose et qu'ils devront se justifier en cherchant un prétexte.

    Professeur: *Pourquoi tu n'as pas fait tes devoirs hier?*
    Joueur 1:   ...

> **Réponses:**
>
> 1. Quelqu'un était sur le point de se raser.
> 2. Quelqu'un était sur le point de recoudre un bouton de chemise.
> 3. Quelqu'un était sur le point de manger.
> 4. Quelqu'un était sur le point d'écrire le journal de bord.
> 5. Quelqu'un était sur le point de jouer aux échecs.
> 6. Quelqu'un était sur le point de réparer ses chaussures.

Les élèves pourront choisir différentes formes pour indiquer le début de l'action. On enlèvera un point si le joueur ne réussit pas à trouver un prétexte, si la justification semble peu adéquate ou si le temps d'hésitation est trop long. Les explications peuvent être fantastiques mais elles doivent toujours avoir un certain rapport avec l'action sur laquelle porte la question du professeur. Exemple:

    Professeur: *Pourquoi tu n'as pas fait tes devoirs hier?*
    Joueur 1:   *J'étais sur le point de les faire quand j'ai vu que je n'avais pas les bons livres.*
    Professeur: *Pourquoi tu ne t'es pas levé hier?*
    Joueur 2:   *J'étais sur le point de me lever quand j'ai ressenti une douleur très forte à la jambe gauche.*
    Professeur: *Pourquoi tu n'as pas fermé la porte quand tu es sorti de chez toi aujourd'hui?*
    Joueur 3:   *J'étais sur le point de la fermer quand je me suis rappelé que je n'avais pas de clés pour l'ouvrir à mon retour.*

Suggestions: Vous pouvez faire d'abord une ronde d'essai. Commencez par des questions faciles et augmentez progressivement la difficulté. Exemples de "reproches":

– *Pourquoi tu n'es pas venu à ma fête hier soir?*
– *Pourquoi tu n'as pas donné mon message à ton ami?*
– *Pourquoi tu ne m'as pas invité à ton mariage?*
– *Pourquoi tu ne m'as pas dit bonjour hier quand nous nous sommes croisés en ville?*
– *Pourquoi tu ne m'as pas dit que tu avais un nouveau poste?*
– *Pourquoi tu ne m'as pas présenté ton ami hier soir?*
– *Pourquoi tu ne me rends pas le livre que je t'ai prêté?*
– *Pourquoi tu ne m'as pas dit que tu ne te sentais pas bien?*

Mise en jeu des connaissances 4

Le vaisseau fantôme

L'histoire du navire appelé Marie-Céleste constitue un des plus grands mystères de la navigation.

Le 4 décembre 1872, le navire a été trouvé abandonné dans l'océan Atlantique. Toutes les affaires étaient rangées, tous les instruments ainsi que le chargement étaient en ordre. Il n'y avait pas de traces de tempête ni d'attaque des pirates. Le journal de bord consignait les événements du 25 novembre mais après ce jour-là, plus rien n'avait été écrit.

D'autre part, le récit du capitaine n'apportait aucune piste pour découvrir pourquoi l'équipage, constitué de huit hommes, avait soudainement abandonné le navire au milieu de l'océan.

Voici la cabine principale du Marie-Céleste.

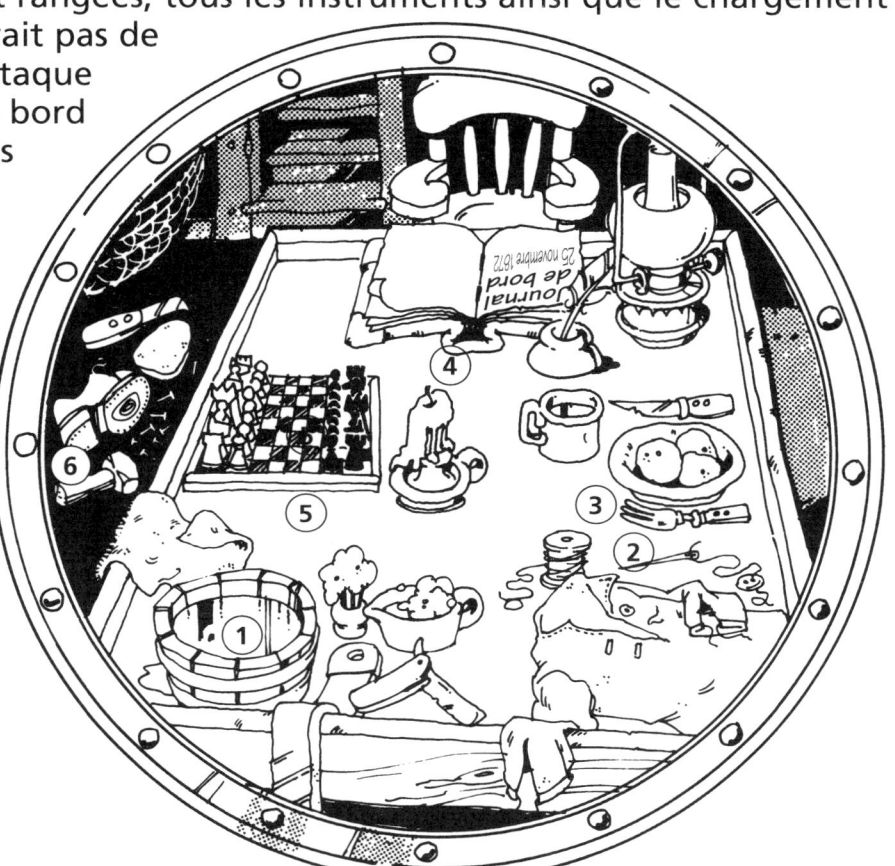

Écrivez cinq phrases expliquant ce que les marins étaient sur le point de faire avant de quitter le navire.

1 *Quelqu'un était sur le point de se raser.*

2 ....

3 ....

4 ....

5 ....

6 ....

©Auteurs 1997
HEINEMANN FRANÇAIS LANGUE ÉTRANGÈRE

Apprendre et comprendre 2

Le puzzle de la personnalité

Stratégies: Comprendre les actes de parole des personnages et les mettre en rapport avec ces adjectifs décrivant le caractère des gens
Contextualiser l'apprentissage du lexique en établissant des associations entre la situation communicative et le vocabulaire nouveau

Lexique: Traits de caractère. Émotions. Sentiments

Activité 1

Individuellement ou par équipes, les élèves devront associer les personnages de l'image avec les adjectifs qui sont proposés dans la photocopie. La première équipe qui aura réussi à compléter correctement la tâche sera l'équipe gagnante.

> **Réponses:**
> 1H 2A 3K 4C 5J 6E 7L 8B 9D 10I 11F 12G

Activité 2

Qui est-ce qui... ?

a) Préparez plusieurs descriptions de personnages célèbres ou bien connus de tous: des hommes politiques, des acteurs de cinéma, des sportifs, des camarades de classe, etc. Utilisez des adjectifs variés pour décrire les traits physiques et psychologiques. Exemple:

Elle est très jeune. Elle a les cheveux longs et bruns. Elle est assez grande et mince. En ce moment elle est très triste. Elle est sympathique et gentille avec tout le monde. Elle n'est jamais égoïste. Elle est généreuse.

Après avoir lu votre description, la classe pourra vous poser 10 questions pour découvrir l'identité du personnage:

Élève:	*Est-ce que c'est quelqu'un de la classe?*
Professeur:	*Non, ce n'est personne de la classe.*
Élève:	*C'est une chanteuse?*
Professeur:	*Non, ce n'est pas une chanteuse.*
Élève:	*C'est quelqu'un de la télé?*
Professeur:	*Oui.*
Élève:	*C'est... (nom d'une célèbre présentatrice de la télé)?*
Professeur:	*Oui, c'est elle.*

b) Divisez la classe en groupes et proposez d'écrire des descriptions de personnages célèbres. Au cours de cette phase de l'activité, promenez-vous dans la classe afin d'aider les groupes en répondant à leurs possibles questions de vocabulaire et structures. Ensuite, chaque équipe devra lire sa description et les autres pourront poser un maximum de 10 questions pour deviner l'identité du personnage.

APPRENDRE ET COMPRENDRE 2

Le puzzle de la personnalité

Associez les adjectifs avec chacun des différents personnages:

1. sociable
2. vaniteux/vaniteuse
3. généreux/généreuse
4. radin/radine
5. désobéissant/désobéissante
6. confiant/confiante
7. superstitieux/superstitieuse
8. altruiste
9. coquet/coquette
10. compréhensif/compréhensive
11. paresseux/paresseuse
12. indépendant/indépendante, autonome

A. Je joue merveilleusement. J'ai l'ouïe tellement fine, sensible et juste!

B. Je vous en prie, prenez ce dernier morceau.

C. Moi, je ne donne jamais d'argent dans la rue.

D. Vous ne trouvez pas que je suis belle ce matin?

E. Je suis sûr de réussir à mon examen.

F. Je suis trop fatigué pour répondre au téléphone.

G. Ne m'aide pas! Je veux le faire tout seul.

H. J'adore être entourée de gens!

I. Oh, chéri, que ça doit te faire mal!

J. Je ne ferai pas mes devoirs!

K. Voilà les clés de ma voiture. Vous pouvez l'utiliser chaque fois que vous en aurez besoin.

L. Ne regardez pas le chat noir, ça porte malheur!

©Auteurs 1997
HEINEMANN FRANÇAIS LANGUE ÉTRANGÈRE

Mise en jeu de la mémoire 3

Souvenir de vacances

Stratégies: Utilisation de la mémoire visuelle et activation du scénario socioculturel associé à des vacances sous la tente afin de retenir et de mobiliser le vocabulaire
Imparfait à intention descriptive

Conjugaison: Verbes pronominaux, éventuelles différences entre la langue maternelle et le français
Révision de l'imparfait

Lexique: Vacances sous la tente, activités de la vie quotidienne

Activité 1

Photocopier les pages 41 et 89.

Divisez la classe en équipes de deux ou trois joueurs et nommez un/une secrétaire. Distribuez la page 41 et accordez environ deux minutes pour observer et mémoriser l'image. Ensuite, demandez aux équipes de cacher l'image, ou bien de vous rendre la photocopie que vous venez de leur donner. Distribuez alors la page 89 et commentez avec toute la classe sur les exemples proposés et l'emploi des formes réfléchies. Attirez l'attention des élèves sur le fait que les pronoms réfléchis ne sont pas toujours nécessaires, ainsi que sur les différences qu'il peut y avoir entre les différentes langues. Les secrétaires, aidés par le reste des membres de l'équipe, doivent écrire des phrases exprimant ce que chaque jeune *faisait*. Précisez qu'il s'agit d'un souvenir partagé et que c'est la jeune fille blonde aux cheveux longs et raides, qui a pris la "photo", qui décrit les activités de ses amis à l'imparfait. Il est absolument interdit de regarder l'image pour réaliser cette partie de l'activité. L'équipe gagnante sera celle qui aura réussi à écrire le plus de phrases justes.

> ### Réponses:
> 1. Elle se regardait dans un miroir.
> 2. Il se lavait dans la rivière.
> 3. Elle s'essuyait avec une serviette de bain.
> 4. Il se reposait sous un arbre.
> 5. Il se rasait avec un rasoir électrique.
> 6. Elle s'habillait derrière un arbre.
> 7. Elle se sentait mal./Elle avait mal au ventre.
> 8. Il mangeait des saucisses tout en préparant le barbecue.

Apprendre à apprendre

- Votre stratégie pour retenir toutes les activités des jeunes pendant les deux minutes accordées pour l'observation vous semble-t-elle efficace? Est-ce qu'il y a eu d'autres stratégies dans votre groupe? Et dans la classe?

Mise en jeu de la mémoire 3

Souvenir de vacances

Regardez l'image ci-dessous. Vous disposez de deux minutes pour essayer de mémoriser ce que ces jeunes gens faisaient.

2 Minutes

Prenez la deuxième page et complétez l'activité.

©Auteurs 1997
HEINEMANN FRANÇAIS LANGUE ÉTRANGÈRE

Tester ses connaissances 4

La cohérence de la phrase

Stratégies: Évaluer les connaissances lexicales et grammaticales tout en faisant attention à la cohérence de la phrase: contenu du message, adverbes de temps et conjugaison des verbes, sens pragmatique (logique et intention communicative)

Grammaire: Ordre des éléments dans la phrase
Phrase comparative

Activité 1

Divisez la classe en équipes. Le porte-parole ou secrétaire de chaque équipe, aidé par ses camarades, devra écrire six phrases cohérentes en un temps limite de cinq minutes. L'équipe gagnante sera celle qui aura écrit le plus de phrases justes.

> **Réponses:**
> 1. Vous ne réussirez pas à votre examen si vous ne travaillez pas davantage.
> 2. Il habite toujours une petite maison laide dans la banlieue de Paris. (La phrase *Il habite toujours une petite maison dans la laide banlieue de Paris* serait éventuellement acceptable. *La petite banlieue* ne semble pas acceptable d'un point de vue pragmatique.)
> 3. Est-ce que vous vous faites d'habitude de petites blessures quand vous vous rasez?
> 4. Qui est-ce qui parle le plus couramment français dans votre classe?
> 5. J'ai sommeil et pourtant j'ai bien dormi la nuit dernière.
> 6. Est-ce que les Anglais boivent plus de thé que les Français?

Activité 2 Le jeu des records

Le superlatif relatif; la phrase comparative; adjectifs et adverbes: *meilleur, mieux, pire, pis*

Divisez la classe en équipes de deux ou trois joueurs. Expliquez que vous allez proposer de petites épreuves pour trouver qui peut réaliser le mieux certaines activités. Annoncez à chaque fois quelle est la capacité que vous allez tester pour que les équipes puissent choisir leurs représentants (un seul par équipe).
Exemple d'épreuve: Écrivez au tableau des lignes de lettres, de plus en plus petites, à la manière des tests qu'on fait chez les opticiens et demandez aux représentants des groupes de les lire. La classe devra comparer les performances de leurs camarades.

C'est elle qui peut lire les lettres les plus petites.
Elle peut lire plus de lignes que lui.

Autres exemples d'épreuves:
Qui est-ce qui peut lire le plus vite?
Qui est-ce qui est capable de faire le dessin le plus fidèle au modèle?
Qui est-ce qui chante le mieux (ou le moins bien)?
Qui est-ce qui peut répéter le plus vite un jeu de mots (un jeu d'allitération...)?
Qui est-ce qui peut se tenir debout sur un seul pied le plus longtemps?
Qui est le meilleur/la meilleure en calcul mental?

TESTER SES CONNAISSANCES 4

La cohérence de la phrase

Rétablissez l'ordre des mots de façon à pouvoir écrire des phrases cohérentes. Vous disposez de cinq minutes pour écrire ces six phrases.

Exemple:

Il a eu un grave accident en faisant du ski en Suisse pendant les dernières vacances.

1 ....

2 ....

3 ....

4 ....

5 ....

6 ....

©Auteurs 1997
HEINEMANN FRANÇAIS LANGUE ÉTRANGÈRE

Analogies et contrastes 5

Deux par deux

Stratégies: S'entraîner à fixer le vocabulaire en établissant des paires de termes opposés, complémentaires, réciproques, etc. et en établissant un contexte discursif
Établir des nuances entre des mots ayant une signification proche mais pas identique et dont l'usage discursif diffère (*voir, regarder; connaître, savoir;* etc.)

Conjugaison: Révision de l'impératif

Lexique: Actions de la vie quotidienne. Sèmes à valeur complémentaire, réciproque, opposée...
Exemple: *Ne va pas là, viens ici!*

Activité 1

Illustrez avec un exemple l'objectif de l'activité. Divisez la classe en équipes de deux ou trois élèves. Chaque équipe choisira un/une secrétaire qui, aidé(e) par le reste de l'équipe, complétera les phrases en écrivant le verbe qui correspond. L'équipe gagnante sera celle qui aura fini la première.

Réponses:

1. Ne va pas là, viens ici!
2. Apporte-moi mon manteau et je t'emmène chez toi.
3. Écoutez! Vous entendez ce bruit?
4. Désolé! Tu ne peux pas t'allonger là car je vais étendre la nappe pour le pique-nique.
5. Regarde là-bas! Tu peux voir l'avion?
6. Veux-tu tenir le petit un moment? Je n'ai pas son biberon et je dois aller le chercher.
7. Je peux te prêter de l'argent pour un taxi mais tu ne peux pas emprunter ma voiture.
8. D'accord, jusqu'à présent c'est toi qui as gagné, mais c'est moi qui vais te battre maintenant.
9. Je déteste dresser la table mais j'adore faire la lessive.

Activité 2 Élargissement

Verbes; vocabulaire: *savoir, connaître, regarder, voir...*

Distribuez des cartes sur lesquelles vous aurez écrit des paires de verbes ayant des significations différentes: nuances de sens, usage discursif, etc. Les équipes devront utiliser différentes stratégies pour illustrer les différences entre les deux verbes. On pourra mimer l'action, construire une phrase, proposer une définition, etc. Accordez un point à chaque réponse juste. L'équipe gagnante sera celle qui aura obtenu le plus de points.
Exemples (à adapter selon le niveau de la classe):

savoir – connaître
regarder – voir
jeter un coup d'œil – regarder du coin de l'œil
apercevoir – observer
gifler – donner un coup de poing
frapper – battre
entendre – écouter
marcher – se promener
rire – sourire
se plaindre – râler
traîner – soulever
chuchoter – parler
partir – sortir
raffoler de – être amoureux de
relever – ramasser
verser – renverser

ANALOGIES ET CONTRASTES 5

Deux par deux

Écrivez la forme qui convient.

1 venir/aller

Ne ......*va*...... pas là, ...*viens*...... ici!

2 apporter/emmener

..............-moi mon manteau et je t'.............. chez toi.

3 entendre/écouter

..............! Vous .... ce bruit?

4 étendre/s'allonger

Désolé! Tu ne peux pas .... là car je vais .... la nappe pour le pique-nique.

5 voir/regarder

.... là bas! Tu peux .... l'avion?

6 avoir/tenir

Veux-tu .... le petit un moment? Je n'.............. pas son biberon et je dois aller le chercher.

7 prêter/emprunter

Je peux te .... de l'argent pour un taxi mais tu ne peux pas .... ma voiture.

8 battre/gagner

D'accord, jusqu'à présent c'est toi qui as ...., mais c'est moi qui vais te .... maintenant.

9 faire/dresser

Je déteste .... la table mais j'adore .... la lessive.

©Auteurs 1997
HEINEMANN FRANÇAIS LANGUE ÉTRANGÈRE

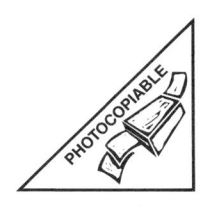

Mise en jeu de la mémoire 4

Jouer au gendarme

Stratégies: Construire une histoire pour apprendre
Parler d'une personne

Grammaire: Présent/passé composé (avec *avoir* et *être*)

Lexique: Lexique en rapport avec les actions présentes et passées de la vie d'une personne

Activité 1

Photocopier les pages 47 et 90.

Divisez la classe en équipes de deux ou trois joueurs et nommez un/une secrétaire par équipe.
Donnez d'abord la page 47. Les joueurs disposeront de huit minutes pour essayer de comprendre et de retenir l'identité du personnage. Puis distribuez la page 90, mais avant les élèves devront vous rendre la page 47, ou bien simplement la cacher.
L'équipe gagnante sera celle qui aura produit le plus grand nombre de phrases justes, dans un temps limite de 10 minutes.

Suggestions: Rappeler aux élèves qu'ils devront utiliser le présent ou le passé composé (conjugué avec le verbe *avoir* ou *être*).

Réponses:

1. Je suis née à Alger, en Algérie.
2. J'ai 25 ans.
3. Ma mère est médecin.
4. J'ai deux sœurs et un frère.
5. À l'âge de 12 ans, je suis allée vivre à Paris.
6. Là, j'ai passé mon bac.
7. Puis, j'ai fait des études de chimie à l'Université de Nancy.
8. Là, je suis restée deux ans.
9. Je n'ai pas terminé mes études.
10. Je travaille dans un fast-food à Orléans.
11. Je suis dans cette ville depuis trois semaines.
12. Antérieurement j'ai occupé un poste dans une banque.
13. Là, j'ai travaillé pendant six mois.
14. En ce moment, je n'ai pas d'appartement à moi.
15. J'habite chez une amie qui s'appelle Anne.
16. J'ai connu Anne il y a deux ans.
17. Actuellement, je prends des cours de conduite.
18. J'ai reçu quatre leçons.
19. J'aime la cuisine italienne.

Activité 2 Créons un nouveau profil de personnage

Diviser la classe en équipes de deux ou trois joueurs, puis regroupez les équipes deux par deux.
Chaque équipe écrira 15 informations sur un personnage. Les équipes échangeront les descriptions et ils auront huit minutes pour les mémoriser. Puis chaque joueur interroge un joueur de l'équipe opposée qui devra reconstruire l'identité du personnage. Par exemple:

Équipe A: *Où est-ce que vous êtes né?*
Joueur B: *À Paris.*
Équipe A: *Quand est-ce que vous êtes parti pour Rome?*
Joueur B: *Il y a deux ans.*
Équipe A: *Où est-ce que vous habitez en ce moment?*
Joueur B: *Chez mes parents.*

Si un joueur ne sait pas répondre ou se trompe dans la réponse, son tour passe à un autre élève. Le joueur gagnant sera celui qui n'a pas perdu son tour et qui a répondu correctement. Les équipes gagnantes seront celles qui auront le plus grand nombre de joueurs gagnants.

Suggestion: Étant donné qu'il s'agit d'une activité orale, il faudra aussi faire attention à la prononciation. Il faudra peut-être négocier quelles erreurs de prononciation ne seront pas acceptables.

Apprendre à apprendre

Vous aviez mémorisé le profil du personnage. Puis au moment de retrouver la nouvelle personnalité du personnage, page 90, vous avez été aidé par des bouts de phrases. Réfléchissez à ce que cela a supposé pour vous:

- cela vous a aidé
- cela a supposé une difficulté supplémentaire
- vous auriez préféré utiliser uniquement votre mémoire pour retrouver les différentes informations
- au moment de la mémorisation, vous aviez repéré qu'il y avait 19 phrases
- vous aviez repéré le type d'information mais vous ne saviez plus si la phrase était affirmative ou négative
- vous avez confondu plusieurs informations parce que vous aviez pensé au personnage d'une manière plus globale.

Mise en jeu de la mémoire 4

Jouer au gendarme

Vous devez imaginer que vous êtes Carmen Souza et que vous devez faire le même jeu de simulation d'identité qu'elle. Vous avez huit minutes pour mémoriser tout ce qui concerne sa vie avant de réaliser l'exercice de la page 90.

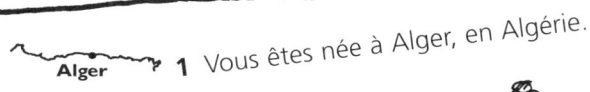

1. Vous êtes née à Alger, en Algérie.
2. Vous avez 25 ans.
3. Votre mère est médecin.
4. Vous avez deux sœurs et un frère.
5. À l'âge de 12 ans, vous êtes allée vivre à Paris.
6. Là, vous avez passé votre bac.
7. Puis, vous avez fait des études de chimie à l'Université de Nancy.
8. Là, vous êtes restée deux ans.
9. Mais vous n'avez pas terminé vos études.
10. Vous travaillez dans un fast-food à Orléans.
11. Vous êtes dans cette ville depuis trois semaines.
12. Antérieurement vous avez occupé un poste dans une banque.
13. Là, vous avez travaillé pendant six mois.
14. En ce moment, vous n'avez pas d'appartement à vous.
15. Vous habitez chez une amie qui s'appelle Anne.
16. Vous avez connu Anne il y a deux ans.
17. Actuellement vous prenez des cours de conduite.
18. Vous avez reçu quatre leçons.
19. Vous aimez la cuisine italienne.

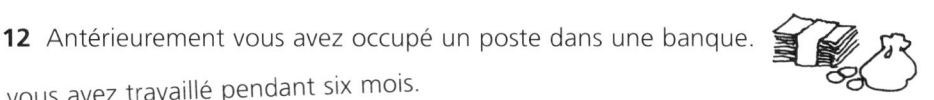

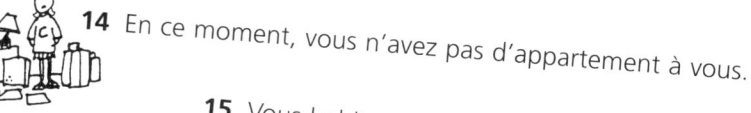

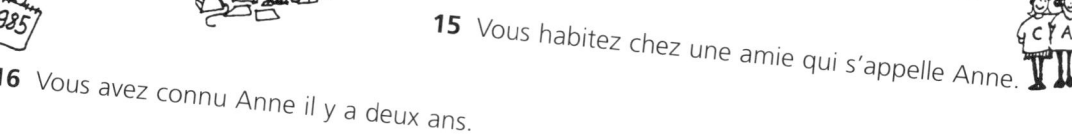

©Auteurs 1997
HEINEMANN FRANÇAIS LANGUE ÉTRANGÈRE

Projeter des connaissances et trouver la règle 3

Des prépositions

Stratégies: Utiliser la connaissance de diverses situations pour essayer d'intérioriser des expressions comportant une préposition

Grammaire: *Avoir peur de...*
Être + adjectif + préposition + nom/pronom
Être + adjectif + préposition + infinitif
Forme passive + préposition par

Activité 1

Demandez aux élèves de travailler individuellement ou par groupes de deux ou trois personnes. Il faudra associer l'image au texte tout en indiquant la lettre correspondante et en écrivant la préposition qui manque dans chaque phrase. Limitez le temps à cinq minutes.

Réponses:

1. D J'ai peur des araignées.
2. J Je suis effrayé par la taille du chien.
3. H Je suis vraiment fâché avec vous.
4. E Je suis mauvais en dessin.
5. C Je suis découragée par cette matière.
6. L Elle est bien différente de son frère.
7. A Tu t'es fiancée avec lui?
8. K Elle est célèbre pour ses glaces.
9. G Je suis totalement séduite par la nouvelle cuisine.
10. I Je suis heureuse de recevoir un cadeau.
11. B Ne sois pas mal élevé envers ton père.
12. F Je suis préoccupé par l'examen de demain.
13. M Elle a envie de partir en vacances.

Activité 2

En faisant appel à leurs connaissances, les élèves établiront une liste d'expressions avec *avoir* et avec *être*, + adjectif/nom/participe.
Cette première partie de l'activité peut être faite avec la participation de toute la classe.
Puis, par équipes de deux ou trois joueurs, et tout en tenant compte des prépositions, ils écriront des phrases. Il faudra également encourager les élèves à regrouper leurs phrases. Classifier peut les aider à retrouver certaines règles. Par exemple:

A) *avoir* + substantif
   avoir le courage/de + infinitif: *Il a le courage de dire la vérité.*
   avoir l'illusion/de + infinitif: *Il a l'illusion de faire le tour du monde.*
B) *être* + adjectif invariable quant au genre
   être aimable envers: Il est aimable envers ses amis.
   être responsable de + nom: *Il est responsable de ses actions.*
C) *être* + adjectif variable selon le genre
   être fatigué de + infinitif: *Il est fatigué de travailler./Elle est fatiguée...*
   être mécontent de + nom. *Il est mécontent de son travail./Elle est mécontente...*
   être heureux de + infinitif: *Il est heureux de faire votre connaissance./Elle est heureuse de faire votre connaissance.*
D) phrase passive
   être compris par: Il est compris par le grand public./Elle est comprise...
   être écouté par: Il est écouté par les jeunes./Elle est écoutée...
   être contemplé par: Le Sacré-Cœur est contemplé par les touristes./La Tour Eiffel est contemplée par les touristes.
   être admiré par
   être lu par
E) expressions sans complément prépositionnel
   avoir faim/avoir sommeil/avoir froid
   être malade

Les productions peuvent être très différentes selon les groupes. Une mise en commun, conçue comme mise en jeu de stratégies de collaboration, pourra enrichir les connaissances de toute la classe.

Cette unité peut donc être suivie d'un travail plus approfondi de la phrase passive.

Apprendre à apprendre

Apprendre l'usage des prépositions dans une langue étrangère est souvent complexe. Avez-vous pensé que pour un étranger, l'usage des prépositions est aussi difficile?
Pourriez-vous trouver quelques exemples qui correspondent aux difficultés de votre langue maternelle pour un français?

PROJETER DES CONNAISSANCES ET TROUVER LA RÈGLE 3

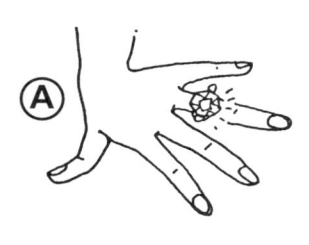

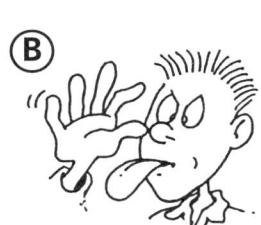

Des prépositions

1. ☐ J'ai peur ......des...... araignées.
2. ☐ Je suis effrayé .... la taille du chien.
3. ☐ Je suis vraiment fâché .... vous.
4. ☐ Je suis mauvais .... dessin.
5. ☐ Je suis découragée .... cette matière.
6. ☐ Elle est bien différente .... son frère.
7. ☐ Tu t'es fiancée .... lui?
8. ☐ Elle est célèbre .... ses glaces.
9. ☐ Je suis totalement séduite .... la nouvelle cuisine.
10. ☐ Je suis heureuse .... recevoir un cadeau.
11. ☐ Ne sois pas mal élevé .... ton père.
12. ☐ Je suis préoccupé .... l'examen de demain.
13. ☐ Elle a envie .... partir en vacances.

| par | avec | en | envers | de | des | pour |

Mise en jeu des connaissances 5

Faites vos déductions

Stratégies: Mettre en jeu ses connaissances générales pour interpréter une image, puis établir des rapports de cause pour apprendre

Grammaire: Cause: *pourquoi/parce que*
Conjugaison: imparfait, plus-que-parfait.

Lexique: Loisirs et temps libre

Activité 1

Photocopier les pages 51 et 91.

Divisez la classe en groupes de deux ou trois joueurs et demandez-leur de choisir un/une secrétaire. Distribuez la photocopie de la page 51. Les joueurs auront cinq minutes pour observer et retenir ce que les personnages font ou ont pu faire.

Puis les élèves cacheront la page 51 et le professeur donnera la photocopie de la page 91 pour que les équipes puissent réaliser l'exercice.

L'équipe gagnante sera celle qui aura le plus grand nombre de réponses justes.

> **Réponses:**
>
> 1. parce qu'elle était allée à la piscine.
> 2. parce qu'il l'avait aidée à porter les sacs.
> 3. parce qu'elle était allée faire des courses.
> 4. parce qu'ils étaient allés faire de la course à pied.
> 5. parce qu'il avait écrit des graffiti sur les murs.
> 6. parce qu'il avait réparé sa moto.
> 7. parce qu'ils avaient attendu le bus pendant plus d'une heure.
> 8. parce qu'ils avaient voyagé toute la journée.
> 9. parce qu'une jeune femme avait nettoyé la voiture.

Activité 2 Élargissement

Rapport de simultanéité: passé composé – *il/elle était en train de* + infinitif
Rapport d'antériorité: passé composé – présent

Divisez la classe en plusieurs équipes de trois ou quatre personnes, puis regroupez les équipes par paires. Les joueurs de la première équipe (A) diront individuellement différentes actions qu'une personne était en train de faire au moment où ils l'ont vue. Puis l'équipe (B) à titre de résumé devra pouvoir répéter tout ce cue la personne en question a fait au cours de la journée, etc. Par exemple:

Équipe A
Joueur 1: *Quand je suis arrivé(e) à la maison, Jeanne était en train de prendre une douche.*
Joueur 2: *Quand moi je suis arrivé(é), elle était en train de regarder la télévision.*
Joueur 3: *Quand moi je suis arrivé(e), elle était en train de boire un café*
   etc.

Équipe B
Donc, nous savons que Jeanne a pris une douche, a regardé la télé, a bu un café...

Le professeur peut aider à diversifier les situations:
Quand les pompiers sont arrivés...
Quand le professeur est entré dans la classe...
etc.

Apprendre à apprendre

Dans cette activité on a travaillé le rapport de cause. Est-ce que vous connaissez d'autres structures qui expriment ce même rapport?
Est-ce que la structure travaillée présente, pour vous, un type quelconque de difficulté? Laquelle?

Mise en jeu des connaissances 5

Faites vos déductions

arrêt de bus

Appartements 15-105

huile

à bas

photo prise à Arcachon en août 1997

©Auteurs 1997
HEINEMANN FRANÇAIS LANGUE ÉTRANGÈRE

Analogies et contrastes 6

Trouvez les réparations qui ont été faites

Stratégies: Apprendre en tenant compte des contrastes

Grammaire: *On* + passé composé
Passé composé à la forme passive

Lexique: Maison

Activité 1

Par équipes de deux ou trois personnes, plus un/une secrétaire, les élèves devront dire les différences qui se sont produites dans la maison, en regardant les images A et B de la page de l'élève. On donnera un temps limite de cinq minutes pour réaliser l'activité. L'équipe gagnante sera celle qui aura produit le plus grand nombre de phrases justes.

Réponses:

Qu'est-ce qu'on a fait dans la maison de l'image B?
On a rénové la salle de bains.
On a réparé la palissade/la clôture.
On a installé le chauffage central.
On a tondu le gazon.
On a repeint la porte d'entrée.
On a remis des tuiles sur le toit.

Qu'est-ce qui a été fait dans la maison de l'image B?
La salle de bains a été rénovée.
La palissade/la clôture a été réparée.
Le chauffage central a été installé.
Le gazon a été tondu.
La porte d'entrée a été repeinte.
Les tuiles ont été remises sur le toit.

Activité 2

On peut demander aux élèves de faire ce même jeu avec les objets de la classe. On dira à un des élèves de bien observer tout ce qu'il y a dans la classe. Puis on lui demandera de sortir. On fera alors des changements et on demandera au joueur de rentrer et de dire ce qui a été changé:

On a effacé le tableau.
On a ouvert une fenêtre.
On a changé de place la chaise du professeur.
On a enlevé/décroché le calendrier.
On a éteint la lumière.

Suggestions: On peut introduire des contraintes et demander aux joueurs de répondre en utilisant le pronom *on* ou bien la forme passive.
Mais on peut supprimer les contraintes et laisser les joueurs s'exprimer librement. Dans ce cas on pourrait introduire le rôle de l'observateur (deux ou trois élèves) qui aurait comme objectif de relever les structures que les élèves utilisent. Finalement on pourrait faire une mise en commun. Cela permettrait aux élèves de terminer par une activité de réflexion sur la langue et sur les stratégies utilisées.

Apprendre à apprendre

Dans cette activité, il s'agissait d'observer et de s'exprimer en tenant compte des contrastes.
- Le vocabulaire qui vous a été donné a été suffisant?
- Vous avez cherché dans le dictionnaire?
- Vous avez déduit le sens des mots par contexte?
- Vous avez utilisé la structure de forme passive, présentée comme modèle?
- Vous auriez préféré utiliser une autre structure? Laquelle?

ANALOGIES ET CONTRASTES 6

Trouvez les réparations qui ont été faites

Observez les deux images. L'image A représente une maison en très mauvais état. L'image B représente la même maison, après quelques réparations. Essayez d'énumérer tout ce qu'on a fait/ce qui a été fait dans la maison de l'image B.

| *Mots à utiliser:* | repeindre | la porte d'entrée | remettre | rénover | la salle de bains | installer | le gazon |
| la palissade | le toit | des tuiles | le chauffage central | tondre | réparer | la clôture | mettre |

On a réparé la porte d'entrée.   La porte d'entrée a été réparée.
On a mis des rideaux à la fenêtre.   Des rideaux ont été mis à la fenêtre.

Mise en jeu de la mémoire 5

Déclarez comme témoin

Stratégies: Décrire dans le passé

Grammaire: *Être en train de* + infinitif
Aller + infinitif
Venir de + infinitif

Lexique: Dans la rue

Activité 1

Photocopier les pages 55 et 92.

Demandez aux élèves de travailler individuellement ou par paires. D'abord, les élèves observeront l'image de la page 52 pendant deux minutes, pour retenir tout ce qui s'est passé. Après cela ils cacheront cette page et prendront la page 92 pour y répondre.

> **Réponses:**
> 1. Vous étiez en train de prendre le bus.
> 2. La voiture était en train de doubler le bus.
> 3. Le cycliste venait de doubler le bus.
> 4. La vieille dame était en train de traverser la rue.
> 5. L'homme venait de garer sa voiture.
> 6. Deux enfants allaient traverser la rue.
> 7. Une dame allait descendre de la voiture.
> 8. Une camionnette était en train de tourner à droite.

Activité 2

Révision de *il vient de* + infinitif, *il va* + infinitif
Réutilisation de *il était en train de* + infinitif

On va demander à un groupe de joueurs de faire une série d'actions: regarder par la fenêtre, écrire une lettre, dessiner sur une page du cahier, lire un texte long, etc.
On demandera à un élève de bien regarder tout ce que le groupe de joueurs est en train de faire. Puis cet élève sortira un moment de la classe. Alors, les élèves changeront leurs actions. En rentrant, l'élève devra dire ce que les élèves font par rapport à ce qu'ils étaient en train de faire lorsqu'il est sorti de la classe. Exemples:

Il regardait par la fenêtre. Maintenant, il vient de tourner le dos à la fenêtre.
Il vient de fermer le livre.
Il était en train de lire un roman.
Il va terminer d'écrire la lettre.

Apprendre à apprendre

Vous avez une bonne mémoire visuelle?
Cette activité vous a permis d'apprendre à décrire un événement passé?
Par rapport à votre apprentissage, comment évaluez-vous cette activité?

Mise en jeu de la mémoire 5

Déclarez comme témoin

Vous étiez en train d'attendre à l'arrêt d'autobus et vous avez été témoin d'un accident. La police va vous demander de dire ce qui s'est passé.

Vous disposez de deux minutes pour regarder l'image et essayer de mémoriser tout ce qui s'est passé, avant de répondre au questionnaire de la page 92.

Apprendre et comprendre 3

Le puzzle des phrases

Stratégies: Remettre en ordre une phrase en tenant compte de la logique du message
Projeter les connaissances générales et les connaissances de fonctionnement de la langue

Grammaire: Adverbes de fréquence: *normalement, toujours, d'habitude, jamais*
Adverbes de manière: *tranquillement, lentement, rapidement,* etc.

Activité 1

Divisez la classe en groupes de deux ou trois joueurs. Chaque groupe choisira un/une secrétaire qui, aidé/e par ses camarades, remettra en ordre les phrases, dans un temps maximum de quatre minutes.
L'équipe gagnante sera celle qui aura le plus grand nombre de phrases justes.

Réponses:

1. Vous avez toujours habité à New-York?
2. Le samedi, je ne vais jamais à la bibliothèque.
   Je ne vais jamais à la bibliothèque le samedi.
3. D'habitude, combien d'argent lui donnez-vous?
   Combien d'argent lui donnez-vous, d'habitude?
4. C'est le livre le plus intéressant que j'ai jamais lu.
5. Il cuisine toujours aussi bien?
6. Normalement, elle prend le bus à huit heures.
7. Quand vous étiez enfant, vous n'avez jamais volé de pommes?
   Vous n'avez jamais volé de pommes, quand vous étiez enfant?

Activité 2

Demandez à chaque équipe d'écrire une phrase d'une dizaine de mots. Les phrases peuvent être affirmatives, négatives ou interrogatives. Le/La secrétaire de chaque équipe devra écrire chaque mot de la phrase sur un petit morceau de papier différent, sans oublier le point d'interrogation si la phrase est interrogative.
Encouragez les élèves à utiliser non seulement les adverbes de fréquence mais aussi les adverbes de manière: *rapidement, lentement, joyeusement, tranquillement,* etc.
Chaque équipe passera sa phrase divisée en mots à une autre équipe. On peut faire tourner toutes les phrases parmi toutes les équipes. L'équipe gagnante sera celle qui aura pris le moins de temps pour la reconstruction des phrases.

Apprendre à apprendre

Quelle différence existe-t-il, d'après vous, entre mettre une phrase en ordre ou produire directement une phrase?
Quel type de processus avez-vous suivi pour faire l'activité?
- Vous avez cherché le premier mot de la phrase?
- Vous avez essayé de vous imaginer le sens global de la phrase puis vous avez essayé de faire dire à la phrase ce que vous pensiez qu'elle devait dire?
- Vous avez d'abord fait des petits groupes de mots puis vous les avez rassemblés en jouant réellement comme avec un puzzle?

APPRENDRE ET COMPRENDRE 3

Le puzzle des phrases

Vous avez quatre minutes pour mettre en ordre les phrases ci-dessous.

HABITÉ ? [New York] À AVEZ TOUJOURS VOUS

1 Vous avez toujours habité à New York?

SAMEDI JE LE JAMAIS NE [bibliothèque] LA À VAIS

2 ....

D' [argent] D'HABITUDE ? DONNEZ- COMBIEN LUI VOUS

3 ....

[livre] C'EST JAMAIS AI INTÉRESSANT LU QUE PLUS LE J'

4 ....

AUSSI [cuisinier] IL ? TOUJOURS BIEN

5 ....

PREND HEURES [bus] LE NORMALEMENT [horloge] À ELLE

6 ....

VOUS QUAND [fruits] ÉTIEZ ? VOLÉ JAMAIS N'AVEZ [enfant] VOUS DE

7 ....

©Auteurs 1997
HEINEMANN FRANÇAIS LANGUE ÉTRANGÈRE

Projeter des connaissances et trouver la règle 4

À l'aéroport

Stratégies: Mise en rapport des connaissances pragmatiques et des connaissances linguistiques pour apprendre. Mise en jeu de la mémoire

Grammaire: Discours rapporté indirect: *il dit que..., il explique que...,*

Lexique: Aéroport

Activité 1

Photocopier les pages 59 et 93.

Divisez la classe en groupes de deux ou trois élèves, dont l'un sera le/la secrétaire. Donnez à chaque groupe la photocopie de la page 59. Les élèves disposeront de cinq minutes pour faire correspondre les bulles au bas de la page avec chaque bulle vide dans les dessins. Ils devront également essayer de mémoriser ce que chaque personne a dit.
Distribuez ensuite la page 93. Bien entendu, les élèves auront préalablement caché la page 59 et essayeront de reconstruire les propos des personnages.
Le groupe vainqueur sera celui qui aura fait le plus grand nombre de phrases justes.

Réponses:

A. Les haut-parleurs disent que tous les passagers à destination de Paris sont priés de se rendre à la salle d'embarquement n° 5.
B. L'hôtesse dit qu'ils peuvent attendre près du comptoir d'enregistrement.
C. Le passager dit qu'il vient d'Australie.
D. L'homme à la longue barbe dit qu'il n'a rien à déclarer.
E. La femme dit qu'il faut se dépêcher.
F. La jeune fille explique qu'elle a eu un petit accident.
G. La mère dit à son enfant que l'avion va atterrir.
H. L'homme au sac à dos dit qu'il va rester deux semaines.
I. Le jeune homme dit qu'il vient juste d'arriver à l'aéroport.
J. Le vieil homme dit qu'il a eu très peur.
K. Le mari dit qu'il va prendre un chariot.

Activité 2 Jeu à la chaîne

Il s'agit de faire dire à chaque joueur une phrase en style direct et une autre en style indirect, en introduisant la concordance des temps au passé si le niveau de la classe s'y prête.
Le professeur commence et dit, par exemple:

Professeur: *Je suis content.*
Joueur 1: *Vous avez dit que vous étiez content. Moi, je suis triste.*
Joueur 2: *Tu as dit que tu étais triste. Moi je vais partir.*
Joueur 3: *Tu as dit que tu allais partir. Moi je vais étudier à la bibliothèque.*
Joueur 4: ...

Si un élève ne peut pas continuer parce qu'il a oublié ou bien parce qu'il ne sait plus quoi dire, l'élève suivant pourra recommencer le jeu en disant: *je suis très heureux...*
Les élèves gagnants seront ceux qui ne se sont pas trompés.

Suggestions: Étant donné que c'est un jeu, on peut établir diverses contraintes. Par exemple on peut décider de faire utiliser les pronoms *vous* ou *tu* selon la règle du jeu qu'on voudra établir. Par exemple on dit *vous* au professeur, les garçons vouvoient les filles (ou vice-versa), on vouvoie les élèves qui portent les cheveux longs (ou courts). Il s'agit d'introduire un élément de variation pour que l'activité soit moins répétitive.

Apprendre à apprendre

En fait, qu'est-ce que vous pensez que vous avez fait:
- vous avez mémorisé les phrases de la page 59 et vous les avez répétées à la page 93?
- compte tenu de ce que vous avez appris, vous avez complété les phrases en regardant la situation de communication ou bien vous avez reconstruit les réponses simplement à partir des débuts de phrases telles qu'on vous les a présentées?
- comparez votre manière de procéder et celle de vos voisins: est-ce qu'il y a eu des manières plus efficaces que d'autres pour réaliser correctement l'activité? Lesquelles?

PROJETER DES CONNAISSANCES ET TROUVER LA RÈGLE 4

À l'aéroport

Qui dit quoi? Regardez les dessins et lisez les bulles au bas de la page. Puis dans les bulles en blanc des dessins des différentes situations, écrivez la lettre correspondante de A à M. Ensuite, essayez de mémoriser ce que dit chaque personne.

A Tous les passagers à destination de Paris sont priés de se rendre à la salle d'embarquement n° 5.

B Vous pouvez attendre près du comptoir d'enregistrement.

C Je viens d'Australie.

D Je n'ai rien à déclarer.

E Il faut se dépêcher.

F J'ai eu un petit accident.

G Regarde, l'avion va atterrir.

H Je vais rester deux semaines.

I ... oui, je viens juste d'arriver à l'aéroport.

J J'ai eu très peur.

K Je vais prendre un chariot.

©Auteurs 1997
HEINEMANN FRANÇAIS LANGUE ÉTRANGÈRE

Projeter des connaissances et trouver la règle 5

Changer d'aspect

Stratégies: Mise en jeu de connaissances lexicales de départ pour centrer l'attention sur d'autres apprentissages

Grammaire: *Se faire faire…/se faire* + infinitif/*faire* + infinitif

Lexique: Hygiène et beauté

Activité 1

On peut commencer par passer de la structure *On lui a coupé les cheveux* à la structure *Il s'est fait couper les cheveux.*
Puis on demandera de faire l'activité de la page 61 en utilisant la structure *se faire…*
Demander aux élèves de travailler par équipes de deux ou trois personnes, plus un ou une secrétaire qui écrira les phrases et sera le porte-parole.

> **Réponses:**
> 1. Il s'est fait teindre les cheveux.
> 2. Il s'est fait faire un massage.
> 3. Il s'est fait couper les ongles des orteils.
> 4. Il s'est fait retoucher la barbe.
> 5. Il s'est fait mesurer la vision.
> 6. Il a fait repasser sa chemise.
> 7. Il s'est fait cirer les chaussures.
>   Il a fait cirer ses chaussures.
> 8. Il a fait raccommoder ses chaussettes.
> 9. Il a fait nettoyer son costume.
> 10. Il s'est fait faire une photo.

Activité 2

Faire + infinitif + *quelque chose*

Le professeur pensera à un objet que les élèves devront deviner. Pour commencer le jeu, le professeur dira par exemple:
Elle était sur le point de s'écrouler. J'ai fait réparer les murs. J'ai fait réparer la salle de bains. J'ai fait couvrir le toit. J'ai fait repeindre les portes. (Réponse: *la maison*)
Dernièrement j'ai eu beaucoup de problèmes. J'ai fait ajuster les freins, j'ai fait gonfler les pneus, j'ai fait vérifier le niveau de l'huile, j'ai fait nettoyer les bougies. (Réponse: *la voiture*)

Activité 3

Faire faire quelque chose à quelqu'un

Le professeur peut commencer par donner un modèle. Par exemple:
Il/Elle est malade. Il/Elle tousse:
Je lui ai fait prendre une aspirine. Je lui ai fait prendre sa température. Je lui ai fait mettre un pull-over…
Il/Elle est triste:
Je lui ai fait écouter de la musique. Je lui ai fait manger un gâteau…
Puis on peut demander aux élèves de compléter:
Il/Elle ne réussit pas ses examens…
Je lui…
Je lui…
Il/Elle veut apprendre une langue étrangère:
Je lui…
Je lui…

Apprendre à apprendre

Qu'est-ce qui a été le plus intéressant pour vous, la révision du vocabulaire ou bien l'apprentissage d'une structure?
Dites pourquoi.

Projeter des connaissances et trouver la règle 5

Changer d'aspect

Il a décidé de se faire faire... ou de faire faire...
une série de choses. Lesquelles?

Utilisez les verbes suivants:

raccommoder   mesurer   teindre   faire
nettoyer
faire   cirer   repasser   retoucher   couper

1 Il s'est fait teindre les cheveux.
2 ....
3 ....
4 ....
5 ....
6 ....
7 ....
8 ....
9 ....

©Auteurs 1997
HEINEMANN FRANÇAIS LANGUE ÉTRANGÈRE

Mise en jeu des connaissances 6

Connaissez-vous le gangster Al Capone?

Stratégies: Se servir de ses connaissances générales

Grammaire: Forme passive: le plus-que-parfait

Lexique: Connaissances historiques et culturelles

Activité 1

Divisez la classe en groupes de deux ou trois joueurs. Nommez un/une secrétaire. Chaque groupe devra trouver les anachronismes et écrire la phrase correspondante.
Le groupe gagnant sera celui qui aura découvert tous les anachronismes et aura écrit les phrases sans erreurs.

> **Réponses:**
> 1. À cette époque-là, le rock'n'roll n'avait pas encore été créé.
> 2. À cette époque-là, la bombe atomique n'avait pas encore été inventée (1945).
> 3. À cette époque-là *Pauline à la plage* n'avait pas encore été tourné (1982).
> 4. À cette époque-là la pénicilline n'avait pas encore été commercialisée (1940).
> 5. À cette époque-là *Guernica* n'avait pas encore été peint (par Picasso en 1937).
> 6. À cette époque-là Mohammed Ali (Cassius Clay) n'était pas encore né (1950).

Activité 2

Compréhension orale

Préparer plusieurs histoires du type de celle que vous trouverez ci-dessous. Il s'agit de raconter cette histoire aux élèves qui devront relever les erreurs historiques que vous avez volontairement introduites dans l'histoire.
Il s'agit d'une activité de compréhension orale.
Selon le niveau des élèves vous pouvez indiquer combien d'erreurs il faut trouver, avant de commencer à lire ou raconter l'histoire.

C'était l'année 1807. Napoléon était à la fenêtre de son cabinet de travail, de là son regard pouvait embrasser toute la ville de Paris. Il pouvait voir l'Arc de Triomphe, monument construit pour commémorer ses victoires. Plus loin, se dressait la Tour Eiffel. "Pourquoi Eiffel n'a-t-il pas donné le nom de Tour Napoléon à ce monument?", se demandait Napoléon. Il prit un télescope doré qui se trouvait sur son bureau, et il se dit: "Voyons. Je vais, peut-être, pouvoir voir d'ici Joséphine". Mais en même temps qu'il balayait du regard la ville, il se souvint que Joséphine était allée voir le cinéma des frères Lumière.
Il se retourna et regarda le portrait de George Washington qui était accroché au mur de la salle. "Aura-t-il eu les mêmes problèmes que moi?" se demanda-t-il. Cependant, dans le but de se distraire, il prit un livre et alluma la lampe électrique qui était posée sur son bureau. Le livre avait comme titre Guerre et paix *par Léon Tolstoy; il aimait lire des histoires de guerre. Une atmosphère tranquille l'enveloppait. Tout à coup le téléphone commença à sonner. "Il faut se remettre au travail" pensa-t-il.*

Les erreurs sont les suivantes:
L'Arc de Triomphe a été inauguré en 1836 (Napoléon avait décrété sa construction en 1806).
Eiffel n'était pas encore né, à cette époque. Il est né en 1832. La Tour Eiffel a été achevée en 1889.
Le cinéma n'avait pas encore été inventé.
L'électricité n'avait pas encore été inventée.
Guerre et paix a été écrit en 1876.
Le téléphone n'avait pas encore été inventé.

Suggestions: On peut demander aux élèves de préparer par équipes leurs propres histoires, puis d'en faire la lecture aux autres groupes. Il s'agit dans ce cas de travailler à tour de rôle: les connaissances historiques, l'expression écrite et l'expression orale.

Apprendre à apprendre

- Vous aviez les connaissances extralinguistiques nécessaires pour réaliser cette activité?
- Est-ce que les connaissances qu'on présente dans le dessin sont des connaissances partagées par les jeunes de votre âge?
- Pouvez-vous proposer un dessin convenant mieux à vos connaissances et à celles de vos camarades de classe?

Mise en jeu des connaissances 6

Connaissez-vous le gangster Al Capone?

L'image montre le gangster Al Capone et sa bande dans une des multiples boîtes de nuit qui existaient en 1929 à Chicago.
Cependant on a introduit six erreurs.
Pouvez-vous les retrouver?

Verbes à utiliser:	inventer	créer	tourner	peindre	commercialiser	naître

1 À cette époque-là, le rock'n'roll n'avait pas encore été créé.

2 ....

3 ....

4 ....

5 ....

6 ....

©Auteurs 1997
HEINEMANN FRANÇAIS LANGUE ÉTRANGÈRE

Tester ses connaissances 5

Encore quelques questions?

Stratégies: Utilisation éventuelle des acquis, et évaluation des propres connaissances

Grammaire: Révision de la phrase interrogative

Activité 1

Travail individuel. On peut établir, selon le groupe, un temps limite minimal pour la réalisation de l'activité. Dans ce cas la personne gagnante sera celle qui aura fait correctement l'activité dans le temps le plus bref.

On peut également proposer l'activité, sans contraintes de temps. Les élèves devront réaliser l'activité sans traîner mais sans faire de la compétition. Ils pourront consulter les réponses puis prendre des décisions pour, éventuellement, résoudre les problèmes. Il n'y aurait pas de gagnants, mais on demandera aux élèves de comparer leur travail avec celui de leurs camarades.

Réponses:

1. Avec qui sort Danny? Avec Julia.
2. À quelle heure a décollé l'avion? À 12h30.
3. Pourquoi avez-vous ajourné votre visite chez le dentiste? Parce que je suis trop occupée.
4. À quelle heure allez-vous vous lever demain matin? À 7 heures.
5. Savez-vous remplir le questionnaire? Oui. Ce n'est pas compliqué.
6. Pourquoi Julia s'est-elle fâchée avec Danny? Parce qu'il lui a parlé de manière impertinente.
7. Pourquoi votre voiture est-elle tombée en panne? Parce qu'elle n'avait plus d'essence.
8. Vous allez gronder les enfants? Oui, naturellement, ils ont cassé la vitre de la fenêtre de leur chambre.
9. À qui ressemble André, à son père ou à sa mère? À son père!
10. Quand est-ce que votre grand-père est mort? L'année dernière.
11. Pouvez-vous garder mes enfants pendant une heure? Oui, bien sûr.
12. Est-ce que je peux aller te dire au revoir à la gare? Non. Il vaut mieux se dire au revoir maintenant.

Activité 2 Activité écrite

Divisez la classe en groupes de trois ou quatre joueurs. Chaque groupe fera des dessins du type de ceux que vous pouvez trouver ci-dessous et établira une liste de questions. Cette phase de préparation aura un temps limite de 10 minutes.
Exemples:

1. *Pourquoi froisse-t-il les papiers?*

2. *Comment sont-elles allées à la plage?/Est-ce qu'elles aiment aller à la plage?*

3. *À qui ressemble-t-il, à son père ou à sa mère?*

4. *Pourquoi jette-t-il les cigarettes à la poubelle?*

5. *Pourquoi la voiture a-t-elle renversé la bicyclette?*

À tour de rôle les équipes regarderont les dessins des autres équipes et répondront par écrit aux questions dans le délai le plus bref possible.

Le jeu se terminera lorsqu'une des équipes aura répondu à toutes les questions, mais l'équipe gagnante sera celle qui aura le moins d'erreurs, tout en ayant répondu à un minimum de 75% des questions. Les questions incorrectes seront qualifiées négativement.

Apprendre à apprendre

Les dessins auraient pu être le prétexte d'une série d'activités différentes de celles qui vous ont été proposées. Par petits groupes de trois ou quatre personnes, pensez à des camarades de classe qui ont des difficultés d'apprentissage. Seriez-vous capables de construire une activité qui leur serait utile, tout en gardant les dessins?
- Dites quel est le problème.
- Inventez une activité.
- Faites faire l'activité.
- Évaluez l'efficacité de cette activité.
- Comparez votre activité avec celle d'un autre groupe.

Tester ses connaissances 5

Encore quelques questions?

Complétez les questions ci-dessous en vous inspirant des images pour trouver le bon verbe, puis complétez les réponses.

ajourner	se lever	décoller	mourir	se fâcher	tomber en panne
dire au revoir	garder	ressembler	sortir	remplir	gronder

à	parce que
avec	parce qu'

1 Avec qui ......**sort**...... Danny? ......**Avec**...... Julia.

2 À quelle heure .... l'avion? .... 12h30.

3 Pourquoi avez-vous .... votre visite chez le dentiste? .... je suis trop occupée.

4 À quelle heure allez-vous .... demain matin? .... 7 heures.

5 Savez-vous .... le questionnaire? Oui. Ce n'est pas compliqué.

6 Pourquoi Julia .... avec Danny? .... il lui a parlé de manière impertinente.

7 Pourquoi votre voiture...................? .... elle n'avait plus d'essence.

8 Vous allez .... les enfants? Oui, naturellement, ils ont cassé la vitre de la fenêtre de leur chambre.

9 À qui .... André, à son père ou à sa mère? .... son père!

10 Quand est-ce que votre grand-père...................? L'année dernière.

11 Pouvez-vous .... mes enfants pendant une heure? Oui, bien sûr.

12 Est-ce que je peux aller te .... à la gare? Non. Il vaut mieux se dire au revoir maintenant.

©Auteurs 1997
HEINEMANN FRANÇAIS LANGUE ÉTRANGÈRE

Mise en jeu des connaissances 7

Vrai ou faux?

Stratégies: Mise en jeu de stratégies de compréhension de textes écrits
Mise en rapport des connaissances générales et de la compréhension des textes

Activité 1

Individuellement ou par groupes de deux, les élèves liront les textes pour décider quelle est l'histoire vraie. Il est probable que les élèves comprennent le texte mais ne possèdent pas de connaissances historiques ou géographiques suffisantes pour trouver la bonne réponse. Dans ce cas, on devrait permettre aux élèves de consulter une encyclopédie (dans n'importe quelle langue).

> **Réponse:**
> L'histoire appropriée est celle qui correspond à la lettre C.

Activité 2 Production écrite – Compréhension écrite

Sur un morceau de papier, le professeur écrira des mots qui seront le prétexte pour construire de petites histoires explicatives.
Chaque mot sera écrit sur un morceau de papier différent que le professeur distribuera aux différentes équipes formées par deux ou trois élèves.
Les élèves devront construire une histoire vraie et une histoire fausse. Chaque groupe d'histoires sera présenté au reste de la classe qui devra découvrir quelle est l'histoire vraie. Mots exemples:

guillotine
frigidaire
bidet
cardigan

On pourrait également élargir l'activité en utilisant des histoires mythologiques sur la création du monde.
Si dans la bibliothèque de votre établissement il y a des contes et légendes, vous pouvez préparer des activités de reconstruction de textes, ou bien des activités ayant pour but de trouver, parmi plusieurs fragments de textes, la conclusion adéquate, etc.

Apprendre à apprendre

Évaluez votre capacité de compréhension:
- Vous avez eu des difficultés avec le lexique?
- Vous avez eu des difficultés d'ordre culturel?
- Vous avez parfaitement compris?
- Vous n'avez pas tout compris mais vous avez trouvé qu'il y avait des histoires un peu ridicules?

Mise en jeu des connaissances 7

Vrai ou faux?

Pourquoi appelle-t-on une poubelle "poubelle"? Lisez les trois histoires ci-dessous. Il n'y en a qu'une de vraie.

Cochez ✓ la bonne réponse.

Parmi les activités les plus attrayantes pour les jeunes enfants français se trouve le cirque. Ils adorent les numéros des clowns, des acrobates, des dompteurs... Il faut dire qu'il y a des dompteurs de grands animaux, comme les lions ou les tigres, mais il y a aussi des dompteurs d'animaux minuscules.

Un jour, le cirque Taglion a présenté un numéro spécial d'animaux minuscules: "le pou et la puce domptés". Le dompteur est apparu devant le public avec un énorme récipient métallique qui contenait les deux petites bestioles, si on en croit ses paroles.

Mais, tandis qu'il s'adressait aux jeunes filles du public en disant: "Regardez le pou, ma belle!", il a laissé tomber le récipient qui a roulé par terre. Le public pour se moquer du dompteur a commencé à crier: "C'est une poubelle!"

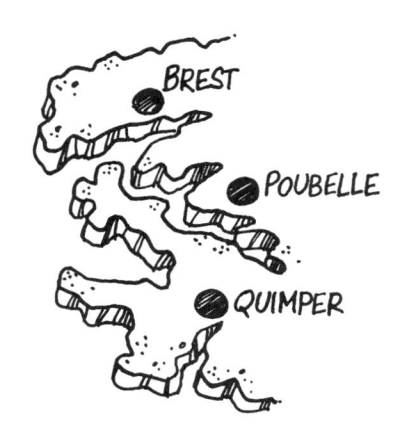

A ☐

La ville de Poubelle est située entre Brest et Quimper, deux villes de Bretagne, en France. Poubelle est une ville très petite si on la compare à Brest ou à Quimper, mais ses habitants sont totalement convaincus que leur ville est beaucoup plus agréable que les grandes villes parce qu'elle est toujours très propre. Mais un jour, les habitants de Brest et de Quimper ont pris des torchons, des papiers, des tomates pourries, etc. et sont allés à Poubelle. Là, ils ont tout répandu dans les rues en criant: "Ça c'est une poubelle!" Voilà pourquoi de nos jours on appelle les poubelles "poubelles".

B ☐

Quand le préfet du département de la Seine, René Poubelle, se rendait chaque matin à son travail, il trouvait, dans les rues de Paris, les ordures ménagères (épluchures, restes d'aliments, papiers, etc.) répandues sur le trottoir. En 1884, préoccupé par la santé publique mais surtout dégoûté par les mauvaises odeurs que les ordures répandaient dans l'air, ce fonctionnaire, représentant du pouvoir central, obligea les habitants de Paris à mettre leurs ordures dans de grands récipients en fer fermés d'un couvercle. Ces récipients, on les appela des poubelles.

C ☐

Apprendre et comprendre 4

Trouvez la cohérence

Stratégies: Établir la cohérence d'un texte en tenant compte des indices du texte; apprendre à lire et à relire pour évaluer le degré de cohérence d'une production écrite

Grammaire: Expressions de temps, connecteurs temporels
Substitution nominale et pronominale

Activité 1

Divisez la classe en petits groupes avec un porte-parole. Chaque groupe devra séparer en deux blocs les paragraphes qui sont présentés en vrac. Il s'agit de construire deux textes, correspondant aux titres présentés sur la page de l'élève.
Le groupe gagnant sera celui qui aura bien terminé cette tâche dans un temps limite de 15 minutes.
On peut donner:
a) une consigne contraignante du point de vue de la démarche:
  – d'abord séparer les paragraphes correspondant à chaque texte
  – puis pour chaque texte, remettre les paragraphes dans le bon ordre.
b) une consigne plus large:
  – "Reconstruisez les deux textes correspondant à chaque titre."
Dans ce cas on pourrait nommer des observateurs dans chaque groupe qui devraient évaluer les stratégies du groupe. Par exemple: comment s'y prennent les membres du groupe pour réaliser l'activité?
  – Les élèves classifient les paragraphes sans pour autant faire une lecture de compréhension exhaustive? Ou bien ils demandent le sens des mots? Est-ce qu'ils classifient et organisent les textes en même temps?
  – Il y a un élève qui prend le rôle de leader?
  – Le groupe essaie de réaliser la tâche dans le temps limite qui lui a été accordé?
Finalement les observateurs exposeront leurs observations.

Réponses:

Le Festival de Cannes
A, I, G, B, D

Le cartable des écoliers
C, E, J, F, H

Activité 2

a) Comment l'expression *le festival de Cannes* est-elle reprise tout au long du texte?
Exemples: *le festival de Cannes, le festival international de Cannes,* etc.
Demandez aux élèves d'améliorer le texte en proposant d'autres substitutions.
b) Comment l'expression *le poids des cartables* est-elle reprise tout au long du texte? La démarche est la même que pour a).

Activité 3 Aimez-vous le cinéma?

Faites une enquête dans votre classe ou bien dans une autre classe de votre lycée. Faites une grille d'acteurs et de nationalités. Les personnes qui acceptent de faire l'enquête devront donner la nationalité des différents acteurs, par exemple:

Nom des acteurs	Nationalité
Gérard Depardieu	
Liz Taylor	
Juliette Binoche	
Isabelle Adjani	
Sophia Loren	
Tom Cruise, etc.	

Activité 4 Entraînement à la lecture compréhensive

Tirez d'un journal ou d'un magazine français plusieurs textes (résumés de films, par exemple). Séparez les titres et demandez aux élèves, travaillant deux par deux, d'associer le titre et le texte correspondant.
Vous pouvez également élargir cette activité:
a) demandez aux élèves de chercher le titre de ces mêmes films dans leur propre pays.
b) apportez en classe les résumés de ces mêmes films dans les magazines du pays et comparez avec les textes français: traduction du titre, longueur des textes, éléments qui ont été racontés, présence ou absence d'informations techniques, etc.

Apprendre à apprendre

Selon les tâches que nous devons réaliser nous ne lisons pas toujours de la même manière.
● Avez-vous lu de la même manière pour classer puis pour mettre en ordre les paragraphes?
● Avez-vous relu les textes pour vérifier s'ils étaient cohérents?
● À quoi avez-vous fait attention: au lexique, aux structures grammaticales? à autre chose?

APPRENDRE ET COMPRENDRE 4

Trouvez la cohérence

Voici une série de paragraphes correspondant à deux textes différents "Le Festival de Cannes" et "Le cartable des écoliers". Pouvez-vous reconstruire les deux textes?

A En août 1939, le Festival International de Cannes a été créé par le gouvernement français qui a nommé le célèbre cinéaste Louis Lumière président d'honneur.

B Après une série de problèmes, le Festival a finalement commencé à avoir du succès à partir des années 50.

C Les journaux français ont abordé dans leurs articles la question du poids du cartable des écoliers.

D Le prix qui est octroyé au meilleur film est la Palme d'Or. On a choisi la palme parce qu'à Cannes il y a beaucoup de palmiers et que c'est aussi le symbole de la ville.

E La presse rapporte que le ministre de l'Éducation Nationale, François Bayrou, a été informé que les cartables des écoliers sont trop lourds. En effet, tous les jours, les jeunes enfants portent environ 10 kilos de livres, cahiers, stylos, crayons de couleur, etc.

F Aussi le document qui a été présenté au ministre offre plusieurs suggestions pour rendre les cartables plus légers:
1. expliquer aux jeunes élèves comment préparer leur cartable.
2. faire des "contrôles surprise" et informer les parents des résultats.
3. demander aux chefs d'établissement d'organiser les cours de telle manière que les élèves ne se déplacent pas constamment d'une salle de cours à l'autre.
4. produire des livres moins épais, surtout pour ce qui est des couvertures.

G Au début il n'a pas eu beaucoup de succès et de plus, les habitants de Cannes étaient contre parce qu'ils craignaient que l'avalanche de gens du monde du cinéma perturbe la vie tranquille et agréable de cette jolie ville méditerranéenne.

H Après avoir lu le rapport et avant de prendre des mesures, le ministre a promis d'écouter l'avis des enseignants et des parents.

I Malheureusement la deuxième Guerre Mondiale a éclaté en septembre de cette même année. Il a fallu attendre le mois de septembre 1946 pour que le Festival puisse recommencer.

J Ce poids est trois fois supérieur à celui que les médecins recommandent. Ils ont expliqué que pour saisir l'importance du problème, il faut imaginer un homme de 75 kilos, qui porterait tous les jours sur son dos un sac de 20 kilos de son lieu de travail à son domicile.

©Auteurs 1997
HEINEMANN FRANÇAIS LANGUE ÉTRANGÈRE

Apprendre et comprendre 5

Un soldat peu discipliné

Stratégies: Engager les acquis dans une nouvelle activité

Grammaire: Expression de l'obligation au conditionnel passé (forme affirmative et forme négative)

Activité 1

Travaillez individuellement ou par paires. Les élèves disposent de cinq minutes pour écrire neuf phrases à propos de ce que Georges aurait dû faire mais n'a pas fait. L'équipe gagnante sera celle qui aura le plus grand nombre de phrases justes.

> **Réponses:**
>
> 1. Il aurait dû se raser.
> 2. Il aurait dû cirer ses bottes.
> 3. Il aurait dû faire son lit.
> 4. Il aurait dû enlever les photos qu'il y a sur le mur.
> 5. Il aurait dû vider le cendrier.
> 6. Il aurait dû suspendre les vêtements dans l'armoire.
> 7. Il aurait dû recoudre son bouton.
> 8. Il aurait dû se peigner.
> 9. Il aurait dû ranger ses chaussettes.

Activité 2 La phrase la plus longue

Le professeur commence le jeu en disant: *Vous n'auriez pas dû manger autant de bonbons.* Il doit expliquer que le deuxième joueur doit répéter la première partie et ajouter une deuxième observation: *Vous n'auriez pas dû manger autant de bonbons, ni jeter les papiers par terre.* Le jeu continue au fur et à mesure que les joueurs sont capables de se souvenir de ce qui a été dit et d'ajouter une partie nouvelle: *Vous n'auriez pas dû manger autant de bonbons, ni jeter les papiers par terre, ni partir sans avoir balayé la maison.*

Si les élèves s'arrêtent et ne savent pas continuer, le professeur peut recommencer avec une nouvelle phrase:
– *Vous auriez dû poser davantage de questions.*
– *Vous auriez dû acheter des légumes.*
– *Vous auriez dû acheter un dictionnaire.*

Activité 3 Donnez votre opinion

Divisez la classe en groupes de deux ou trois joueurs. Établissez une liste d'événements. Les joueurs devront dire ce qui aurait dû être fait.
– *J'ai échoué à mon examen de gymnastique: Tu aurais dû t'entraîner tous les jours.*
– *Je n'ai pas trouvé de travail pour cet été.*
– *Mon père ne m'a pas donné d'argent pour m'acheter une bicyclette.*
– *Vous n'avez pas compris ce que le professeur a dit.*
– *Jules n'a pas réussi son examen de littérature.*
– *Personne n'est venu à la fête.*
– *Cette soupe que j'ai préparée a un drôle de goût.*

Apprendre à apprendre

- Quelles autres expressions de l'obligation connaissez-vous?
- En regardant le dessin, est-ce que vous auriez mis d'autres verbes à la place de ceux qui vous ont été proposés?
- Si vous imaginez que le soldat Georges a encore le temps de faire des choses qu'est-ce que vous lui diriez? Établissez un ordre dans votre liste de conseils et comparez votre liste avec celle de votre voisin de classe: *Tu devrais...*

APPRENDRE ET COMPRENDRE 5

Un soldat peu discipliné

On peut constater que le soldat Georges n'a pas l'esprit militaire. Tous les lundis matins, lorsque le sergent inspecte sa chambre, il se fait réprimander. Aujourd'hui c'est lundi et le sergent est sur le point de faire son inspection. Qu'est-ce que Georges aurait dû faire?

Verbes à utiliser: se raser, cirer, faire, se peigner, enlever, ranger, vider, suspendre, nettoyer, recoudre

Trouvez encore neuf choses que Georges aurait dû faire ce matin.

1. Il aurait dû nettoyer son fusil.
2.
3.
4.
5.
6.
7.
8.
9.
10.

Apprendre et comprendre 6

Un vol au musée

Stratégies: Établissement d'hypothèses dans une situation de type histoire policière
Grammaire: Expression de la probabilité: verbe *pouvoir* + infinitif, etc.
Lexique: Musée

Activité 1

Divisez la classe en équipes de deux ou trois joueurs, plus un/une secrétaire. Les équipes disposent de quatre minutes pour répondre aux questions posées sur le vol.

> **Réponses:**
>
> 1. Il a pu se cacher dans le placard ou dans le coffre.
> 2. Il a pu utiliser la bougie ou la lampe.
> 3. Il a pu monter sur le tabouret ou sur le secrétaire.
> 4. Il a pu utiliser l'épée ou le poignard.
> 5. Il a pu sortir par la fenêtre ou par la lucarne.

Activité 2 Des déductions créatives et choquantes

a) Travail de compréhension et d'expression orales
Présenter de petites situations et demander aux élèves de trouver des explications logiques. Le professeur lit le texte et les élèves individuellement font des suggestions. Par exemple:
Dans le parc du village, il y avait un gros tuyau qui mesurait deux mètres de long et 30 centimètres de diamètre. Un petit chat gris s'est approché d'un des bouts du tuyau et a regardé à l'intérieur; un autre petit chat, blanc, est arrivé à l'autre bout, et lui aussi il a regardé à l'intérieur, mais ils ne se sont pas vus. Savez-vous pourquoi?
– *Il faisait très sombre dans le tuyau.*
– *Le tuyau était sale ou un objet quelconque le bouchait.*
– *Ils avaient mauvaise vue.* etc.
À la fin le professeur peut donner la réponse: *Les chats ont regardé dans le tuyau à des moments différents.*

Une autre situation:
Un homme conduit sa voiture à 100 km/h les phares éteints. Tout à coup un homme, tout habillé en noir, commence à traverser la chaussée. Il a le dos tourné par rapport à la voiture, donc le chauffeur ne peut même pas voir son visage. Les réverbères sont éteints, cependant, à la dernière minute le chauffeur freine et la voiture s'arrête à 20 centimètres du piéton.

Les explications peuvent être fantastiques mais logiques:
– *Le piéton était en train de fumer.*
– *Il n'y avait pas de lumières mais il y avait un beau clair de lune.*
– *Le chauffeur s'est arrêté par hasard.*
– *Le piéton était en train de chanter et le chauffeur l'a entendu.* etc.
Une fois que les élèves ont fait leurs déductions, on peut fournir l'explication: *Cette histoire a lieu en plein jour.*

b) Travail d'expression écrite et d'expression orale
On peut élargir l'activité en demandant aux élèves, individuellement ou par petits groupes, d'écrire une petite histoire de ce type, et d'écrire également la "réponse drôle". Le jeu peut se dérouler comme l'activité antérieure.

APPRENDRE ET COMPRENDRE 6

Un vol au musée

Hier soir, un tableau d'une valeur incalculable a été volé au musée du Louvre. La police pense que le vol a pu se produire de la manière suivante :

Un "visiteur" est resté à l'intérieur quand le musée a fermé à 5 heures.

Le voleur s'est caché quelque part pendant que le garde faisait l'inspection des salles.

Lorsque le garde est parti, il est sorti de sa cachette, il a coupé le système d'alarme, et il a volé le tableau.

Il s'est certainement servi de ce qu'il y avait dans la salle-même du musée pour commettre le vol, puisque tous les visiteurs qui entrent dans le musée sont fouillés.

1 Où est-ce que le voleur s'est caché quand le garde a inspecté la pièce ?

2 Il n'y avait pas d'électricité, alors qu'est-ce qu'il a pu utiliser pour s'éclairer ?

3 Qu'est-ce qu'il a pu utiliser pour atteindre le tableau ?

4 Qu'est-ce qu'il a pu utiliser pour couper le système d'alarme ?

5 Comment a-t-il pu sortir de la pièce ? (La porte était fermée à clé, de l'extérieur.)

Objets dans la salle : Fermez bien la lucarne ; Épée du XIVème siècle ; Poignard du roi Dagobert ; Placard du XVIIème siècle ; Lampe de Florence Nightingale ; Secrétaire et tabouret du XVème siècle ; Coffre du XVème siècle.

1 *Il a pu se cacher dans le placard ou dans le coffre.*

Écrivez deux solutions possibles pour chaque question.

2 ....
3 ....
4 ....
5 ....

©Auteurs 1997
HEINEMANN FRANÇAIS LANGUE ÉTRANGÈRE

Analogies et contrastes 7

Mettre en rapport

Stratégies: Mettre en rapport des situations et des phrases

Grammaire: Verbes à construction directe et à construction indirecte avec préposition

Activité 1

Donnez un exemple à la classe puis demandez aux élèves de travailler individuellement ou par groupes. Ils devraient disposer d'un maximum de trois minutes pour écrire les phrases, tout en les classifiant dans les deux colonnes de la page 75.

Réponses:

Sans préposition
2. Elle aime rester au lit.
4. Ils espèrent trouver un travail.
8. Ils souhaitent sortir sans être vus.
11. Il veut voir un film.

Avec préposition
1. Il refuse de changer de place.
3. Ils se plaignent de ne pas avoir les moyens de loger à l'hôtel.
5. Elle promet d'écrire tous les jours.
6. Il a envie de se baigner.
7. Il n'arrête pas de ronfler.
9. Il évite de rouler sur les autoroutes.
10. Il continue à faire la même erreur.
12. Il s'ennuie de rester à la maison.

Activité 2 Élargissement

Demandez aux élèves d'écrire quatre phrases avec un verbe à l'infinitif introduit par une préposition. Exemple:
Il pense à déménager et à vivre à la campagne.
Il parle de faire un voyage à Cuba.
Il rêve de faire le tour du monde.
Je réussirai à lui faire comprendre ce que je veux.
Il est obligé de prendre le métro chaque matin.

Les élèves feront une mise en commun et ils établiront la liste des verbes qu'ils ont su construire avec des prépositions. Ils pourront certainement observer que certains verbes se construisent avec différentes prépositions.
Attention: Il s'agit de trouver des verbes qui exigent des constructions indirectes régies par une préposition dont l'emploi est obligé par le verbe: *rêver de..., penser à...,* etc.

ANALOGIES ET CONTRASTES 7

Mettre en rapport

Regardez les verbes ci-dessous. Certains sont suivis d'une préposition et d'autres non. Construisez des phrases en mettant en rapport les verbes des dessins et les expressions proposées dans l'encadré. Classez les phrases en deux colonnes: construction sans préposition et construction avec préposition.

1 refuser   **2** aimer   **3** se plaindre   **4** espérer

5 promettre   **6** avoir envie   **7** arrêter   **8** souhaiter

9 éviter   **10** continuer   **11** vouloir   **12** s'ennuyer

---

rester au lit   sortir sans être vus   voir un film   faire la même erreur   rester à la maison   se baigner   ronfler   rouler sur les autoroutes   trouver un travail   écrire tous les jours   avoir les moyens de loger à l'hôtel   changer de place

---

Sans préposition

2 Elle aime rester au lit.

Avec préposition

1 Il refuse de changer de place.

©Auteurs 1997
HEINEMANN FRANÇAIS LANGUE ÉTRANGÈRE

Apprendre et comprendre 7

Quel mariage!

Stratégies: Rétablir la cohérence du texte à partir des connaissances pragmatiques et du contenu thématique de chaque paragraphe

Grammaire: Subordonnées relatives, introduites par les pronoms *qui, que, dont, où*

Lexique: Cérémonie de mariage, repas de mariage, problèmes et ennuis, expression des sentiments

Activité 1

Divisez la classe en équipes de deux ou trois joueurs et nommez des secrétaires. Ceux-ci, aidés par le reste de l'équipe, devront compléter le récit de la page ci-contre à l'aide des pronoms relatifs *qui, que, dont, où*.

Réponses:

Maxime, **qui** est le fiancé de Juliette, arrive toujours en retard. Aujourd'hui encore, celle-ci l'attendait à la porte de l'église **où** leur mariage allait avoir lieu. Elle avait presque décidé de rentrer chez elle quand soudain Maxime, **dont** la voiture était tombée en panne, est apparu en courant au coin de la rue.
Juliette était de plus en plus agacée car David, l'ami de Maxime, **qui** était censé prendre les photos de la cérémonie, avait oublié d'acheter des pellicules. En plus, Juliette était aussi assez fâchée parce que sa cousine Lucie, **qui** est très jolie, n'arrêtait pas de sourire à Maxime.

Plus tard, tous les invités sont partis vers l'Hôtel Ducal **où** le repas de mariage allait avoir lieu. Les serveurs de l'hôtel n'étaient pas du tout gentils et en plus le gâteau de mariage **qu'**ils ont servi et **qui** leur avait coûté très cher, était immangeable.
Le père de Juliette, **qui** payait le repas, s'est mis en colère et s'est plaint au directeur de l'hôtel **qui** lui a demandé de se calmer et de passer dans le vestibule **où** deux gardes de sécurité l'ont mis à la porte.
Chantal, la meilleure amie de Juliette, n'est arrivée qu'à 5 heures de l'après-midi, quand le banquet était déjà fini et que tous les invités se trouvaient déjà dans la rue. Alors Chantal, **qui** travaille dans une agence de voyages,

s'est rendu compte qu'elle avait perdu les billets d'avion de Maxime et de Juliette **qui** devaient aller aux îles Canaries, **où** ils allaient passer leur lune de miel.
Chantal a couru téléphoner à Monsieur Duhamel, **qui** est son patron, et lui a demandé d'envoyer les billets en taxi à l'aéroport. Pendant ce temps, Maxime et Juliette sont entrés dans leur voiture et ont dit au revoir à tout le monde. Hélas, ils n'ont pas réussi à faire démarrer la voiture **que** le père de Juliette avait louée et ils ont été obligés de prendre le bus pour aller à l'aéroport.

Activité 2 Test de culture générale

Préparez une liste d'énoncés concernant des personnages et/ou des événements sociaux et historiques qui sont censés appartenir aux connaissances partagées par la plupart des gens. En fait, cette liste pourrait vous permettre d'évaluer la culture générale de vos élèves. Divisez la classe en équipes de deux ou trois joueurs et nommez des secrétaires.
Écrivez dans trois colonnes, au tableau ou sur une feuille que vous pouvez photocopier, les fragments des énoncés que les élèves devront reconstruire en retrouvant les correspondances convenables et en y ajoutant le pronom relatif correspondant. Exemples:

1. John Lennon — est très connu par son humour et par sa drôle manière de marcher. — est morte quand elle avait 14 ans.
2. Anne Frank — a écrit le journal d'une jeune fille. — a dirigé lui-même la plupart de ses films.
3. Charles Chaplin — est né à Liverpool en 1945. — a connu un grand succès grâce à ses chansons.

Réponses: *John Lennon, qui est né à Liverpool en 1945, a connu un grand succès grâce à ses chansons.*

Suggestions:
Le test culturel peut être préparé en établissant des catégories:
– personnages célèbres
– lieux
– animaux

Le test peut être préparé par le professeur ou bien par un groupe d'élèves.

APPRENDRE ET COMPRENDRE 7

Quel mariage!

Regardez les images ci-dessous correspondant à une comédie qui est passée à la télévision française, dimanche dernier.

D'abord complétez les textes correspondants à l'aide des pronoms relatifs *qui, que, dont, où*.

Puis remettez les images en ordre.

Maxime, ..*qui*.. est le fiancé de Juliette, arrive toujours en retard. Aujourd'hui encore, celle-ci l'attendait à la porte de l'église .... leur mariage allait avoir lieu. Elle avait presque décidé de rentrer chez elle quand soudain Maxime, ... la voiture était tombée en panne, est apparu en courant au coin de la rue.

Le père de Juliette, ... payait le repas, s'est mis en colère et s'est plaint au directeur de l'hôtel .... lui a demandé de se calmer et de passer dans le vestibule .... deux gardes de sécurité l'ont mis à la porte.

Chantal, la meilleure amie de Juliette, n'est arrivée qu'à 5 heures de l'après-midi, quand le banquet était déjà fini et que tous les invités se trouvaient déjà dans la rue. Alors Chantal, ... travaille dans une agence de voyages, s'est rendu compte qu'elle avait perdu les billets d'avion de Maxime et de Juliette .... devaient aller aux îles Canaries, ... ils allaient passer leur lune de miel.

Chantal a couru téléphoner à Monsieur Duhamel, ... est son patron, et lui a demandé d'envoyer les billets en taxi à l'aéroport. Pendant ce temps, Maxime et Juliette sont entrés dans leur voiture et ont dit au revoir à tout le monde. Hélas, ils n'ont pas réussi à faire démarrer la voiture .... le père de Juliette avait louée et ils ont été obligés de prendre le bus pour aller à l'aéroport.

Plus tard, tous les invités sont partis vers l'Hôtel Ducal .... le repas de mariage allait avoir lieu. Les serveurs de l'hôtel n'étaient pas du tout gentils et en plus le gâteau de mariage .... ils ont servi et .... leur avait coûté très cher était immangeable.

Juliette était de plus en plus agacée car David, l'ami de Maxime, ... était censé prendre les photos de la cérémonie, avait oublié d'acheter des pellicules. En plus, Juliette était aussi assez fâchée parce que sa cousine Lucie, ... est très jolie, n'arrêtait pas de sourire à Maxime.

Mise en jeu de la mémoire 6

Des bribes de conversation

Stratégies: Mise en jeu des stratégies pragmatiques de la conversation
Utilisation de la mémoire visuelle et prise en compte des scénarios socioculturels pour mettre en place des structures grammaticales

Grammaire: Discours rapporté

Lexique: Vacances au camping

Activité 1

Photocopier la page 79 et la page 94.

On divisera la classe en équipes de deux ou trois joueurs plus un/une secrétaire. D'abord le professeur donnera la page 79 et demandera aux équipes d'associer une question à un personnage et à une situation. Les élèves disposeront de cinq minutes pour faire cette première partie de l'activité et pour mémoriser les phrases interrogatives.

Puis les élèves devront cacher la page 79 et le professeur devra distribuer la page 94. Les équipes disposeront de 10 minutes pour faire la deuxième partie de l'activité.

L'équipe gagnante sera celle qui aura écrit le plus grand nombre de phrases justes.

Réponses:

A Elle voulait vérifier s'il avait pris l'ouvre-boîtes.
B Il voulait savoir à quelle heure ouvrait ce magasin.
C Elle voulait savoir ce qu'ils avaient mangé.
D Il a demandé si le bébé avait bien dormi.
E Il voulait savoir si c'était dangereux de se baigner dans la mer.
F Elle voulait savoir ce qu'il avait dit.
G Elle voulait savoir où est-ce qu'elle pouvait aller prendre de l'eau.
H Il voulait savoir ce qu'elle était en train d'écouter.
I Il a demandé s'il y en avait encore pour longtemps jusqu'à l'heure du repas.
J Il voulait savoir s'il avait fermé la voiture.
K Il lui a demandé si elle avait pris les allumettes.
L Elle voulait savoir s'il irait à la discothèque, ce soir.
M Elle lui a demandé de lui passer le couteau.

Activité 2 Jouer à la phrase la plus longue possible

Activité orale

Le jeu commence avec un joueur qui pose une question à son voisin: *Comment avez-vous dormi?* par exemple. Le voisin dit: *Il m'a demandé comment j'avais dormi,* puis à son tour il pose une question à son voisin. Chaque joueur doit dire ce que les précédents ont dit puis poser une question.

Le jeu se termine: a) quand le joueur ne se souvient plus de ce qui a été dit avant lui; b) quand le temps de silence est trop long; c) quand l'expression est trop incorrecte. Alors un autre élève peut recommencer. Pour chacune de ces situations on peut envisager d'enlever un point. Le joueur gagnant sera celui qui aura obtenu le moins de points négatifs. Exemple:

Joueur 1: *Vous aimez la littérature française?*
Joueur 2: *Elle m'a demandé si j'aimais la littérature française. Vous avez bien dormi?*
Joueur 3: *Elle lui a demandé si elle aimait la littérature française. Il m'a demandé si j'avais bien dormi. Est-ce que vous parlez allemand?*
Joueur 4: *Elle lui a demandé si elle aimait la littérature française. Il m'a demandé si j'avais bien dormi. Il m'a demandé si je parlais allemand. Quel jour commencent les vacances?*
etc.

Mise en jeu de la mémoire 6

Des bribes de conversation

Qui demande quoi?

Écrivez dans les bulles les lettres, de A à M, correspondant aux questions que chaque personnage a pu poser.

Essayez de mémoriser, en cinq minutes, ce que chaque personnage dit.

Cachez cette page avant de faire l'activité de la page 94.

A Est-ce que tu as pris l'ouvre-boîtes?

D Le bébé a bien dormi?

B À quelle heure ouvre ce magasin?

K Tu as pris les allumettes?

E Est-ce que c'est dangereux de se baigner dans la mer?

H Qu'est-ce que tu es en train d'écouter?

I Il y en a encore pour longtemps jusqu'à l'heure du repas?

C Qu'est-ce que vous avez mangé?

L Tu iras à la discothèque, ce soir?

G Où est-ce que je peux aller prendre de l'eau?

F Qu'est-ce que tu as dit?

M Veux-tu me passer le couteau, s'il te plaît?

J Tu as fermé la voiture?

REGARDEZ MAINTENANT LA DEUXIÈME PAGE.

©Auteurs 1997
HEINEMANN FRANÇAIS LANGUE ÉTRANGÈRE

Projeter des connaissances et trouver la règle 6

Tout se complique

Stratégies: Rapprocher des structures différentes dans le but d'exprimer des sentiments semblables

Grammaire: Expression du regret: *j'aurais dû..., je n'aurais pas dû...*

Lexique: Dans la rue

Activité 1

Divisez la classe en équipes de deux ou trois joueurs plus un/une secrétaire. Donnez un ou deux exemples aux élèves et demandez-leur de réaliser l'activité dans un maximum de 10 minutes. L'équipe gagnante sera celle qui aura écrit le plus grand nombre de phrases justes.

> **Réponses:**
>
> 1. J'aurais dû mettre d'autres chaussures.
> 2. Je n'aurais pas dû garer la voiture sur le trottoir.
> 3. Je n'aurais pas dû oublier mon parapluie.
> 4. Je n'aurais pas dû rater mon bus.
> 5. Je n'aurais pas dû acheter tant de choses.
> 6. J'aurais dû voir un autre film.
> 7. Je n'aurais pas dû me disputer avec mon copain.
> 8. J'aurais dû manger dans un autre restaurant.
> 9. Je n'aurais pas dû rouler si vite.

Activité 2 Inventez des situations

Établissez une liste de situations relevant de la santé et des aliments permettant d'utiliser les expressions de souhait ou de regret à titre d'explication. Exemple:

J'ai mal à l'estomac! Je n'aurais pas dû manger le steak au poivre.

Divisez la classe en groupes de trois ou quatre personnes. Puis lisez la liste que vous aurez préalablement établie. Pour chaque situation vous donnerez deux minutes afin que les équipes puissent réfléchir un moment avant d'écrire chaque phrase. Le jeu ne peut pas s'arrêter, et si les joueurs n'ont pas pu tout écrire, ils devront de toute manière écouter la phrase suivante. Les élèves pourront poser des questions dans les deux minutes correspondant à chaque situation, mais ils ne pourront pas revenir en arrière pour demander des élucidations. Selon le niveau de la classe, adaptez les situations. Voici quelques exemples:

1. J'ai attrapé un gros rhume.
2. J'ai attrapé un coup de soleil.
3. Je me suis écorché les genoux.
4. Je me suis piqué les doigts avec l'aiguille à coudre.
5. J'ai abîmé ma robe neuve.
6. J'ai fait un accroc à mon pantalon.
7. J'ai égaré mon portefeuille.
8. J'ai cassé mon stylo.

Projeter des connaissances et trouver la règle 6

Tout se complique

Regardez l'image. Neuf personnes dans la rue sont en train de regretter d'avoir ou de ne pas avoir fait quelque chose.

Essayez à l'aide des mots encadrés d'écrire neuf phrases.

Mots à utiliser: mettre, la voiture sur le trottoir, voir, avec mon copain, dans un autre restaurant, d'autres chaussures, mon bus, un autre film, manger, si vite, garer, mon parapluie, oublier, rater, tant de choses, acheter, se disputer, rouler

1. J'aurais dû mettre d'autres chaussures.
2. Je n'aurais pas dû garer la voiture sur le trottoir.
3.
4.
5.
6.
7.
8.
9.

Mise en jeu des connaissances 8

Une journée à l'hôpital

Stratégies: Mise en jeu des connaissances générales
Activation des scénarios de la vie quotidienne
Utilisation de la mémoire

Grammaire: Conditionnel passé
Phrase conditionnelle: *si* + verbe au plus-que-parfait

Lexique: Petits accidents quotidiens

Activité 1

Photocopier la page 83 et la page 95.

Divisez la classe en équipes de deux ou trois personnes plus un/une secrétaire. Donnez la page 83. Les élèves disposeront de deux minutes pour mémoriser les différents accidents.
Puis il garderont ou cacheront cette page. Le professeur leur offrira alors la page 95 et ils devront faire l'activité en 10 minutes. L'équipe gagnante sera celle qui aura fait le plus grand nombre de phrases justes.

> **Réponses:**
>
> A 7
> B 3
> C 1
> D 5
> E 8
> F 4
> G 2
> H 6
>
> 1. Si elle avait fait cuire le poulet plus longtemps, elle n'aurait pas mangé de la mauvaise viande.
> 2. S'il n'était pas monté sur une chaise, il ne se serait pas cassé le bras.
> 3. Si elle avait mis sa ceinture, elle n'aurait pas mal au cou.
> 4. Si elle avait lu les instructions, elle ne se serait pas brûlé la main.
> 5. S'il ne s'était pas bagarré, il n'aurait pas eu un œil au beurre noir.
> 6. S'il avait fait attention, il ne se serait pas fait une coupure au doigt.
> 7. Si elle était descendue par les escaliers, elle ne se serait pas tordu la cheville.
> 8. S'il n'avait pas grimpé à la palissade, il ne se serait pas écorché la jambe.

Activité 2 Simuler les paroles de personnages

Préparez une série de petites histoires sur des personnages morts ou vivants.
Divisez la classe en équipes. Lisez les petits textes de manière à ce que les élèves découvrent le personnage. Ils ont quatre minutes pour réfléchir et vous poser des questions s'ils ne sont pas sûrs de l'identité du personnage. Exemples:

Si j'étais resté dans le groupe, maintenant je serais très riche. Je n'aurais pas dû le quitter et surtout je n'aurais pas dû remettre en question la musique que nous faisions à l'époque. (C'est un musicien...)
Je n'aurais pas dû accepter l'argent que la Compagnie HYZ m'offrait. Si j'avais était assez honnête, maintenant je serais encore ministre. Mais j'ai été stupide. J'aurais dû me méfier des journalistes. (Un ministre...)

Apprendre à apprendre

- Quelles sont les différentes formes de conditionnel que vous connaissez?
- Ces formes verbales vous semblent-t-elles difficiles?
- Lorsque vous rédigez des textes, vous êtes capables de réutiliser ce que vous avez appris dans ces petites activités?

Mise en jeu des connaissances 8

Une journée à l'hôpital

Regardez l'image et identifiez chaque personnage. Vous avez deux minutes pour mémoriser ces petits accidents.

1 – Une personne qui a mangé de la mauvaise viande
2 – Une personne qui s'est cassé le bras
3 – Une personne qui a mal au cou
4 – Une personne qui s'est brûlé la main
5 – Une personne qui a un œil au beurre noir
6 – Une personne qui s'est fait une coupure au doigt
7 – Une personne qui s'est tordu la cheville
8 – Une personne qui s'est écorché la jambe

Regardez maintenant la deuxième page.

©Auteurs 1997
HEINEMANN FRANÇAIS LANGUE ÉTRANGÈRE

Apprendre et comprendre 8

Lire à haute voix

Stratégies: Compréhension à voix basse et lecture expressive à haute voix
Découvrir la cohérence des textes

Grammaire: Ponctuation

Activité 1

Le travail sur *Une petite anecdote* peut être fait de manière totalement individuelle ou deux par deux. Il s'agit de remettre la ponctuation qui manque puis de lire le texte de manière expressive.

La phase de préparation peut être faite deux par deux. Si on veut entraîner à la lecture à haute voix, il vaut toujours mieux encourager les élèves à faire, tout d'abord, une lecture à voix basse.

La deuxième phase peut donc être la phase de lecture expressive.

Finalement on peut proposer aux élèves de comparer leur ponctuation avec le texte ponctué et aussi avec les textes de leurs camarades.

En ce qui concerne les rimes, on pourrait bien sûr offrir une liste plus longue. On pourrait également demander aux élèves de faire des petites recherches dans des poèmes et de trouver des rimes que leurs camarades devront regrouper.

Les poèmes à apprendre par cœur sont au choix des professeurs et au choix des élèves. Ils peuvent servir pour pratiquer les rhythmes.

Réponses:

Une petite anecdote

L'écrivain anglais, Lewis Carroll, aimait devenir l'ami des enfants. Il pensait souvent à trouver une manière amusante d'initier la conversation avec les jeunes enfants qu'il était toujours heureux de rencontrer. Un jour, Carroll était assis au bord de la mer en train d'écrire une lettre et il vit une petite fille qui passait en courant près de lui. La fillette avait pris un bain et était complètement trempée de la tête aux pieds et l'eau qui coulait de son corps mouillait partout où elle marchait. Alors, Carroll prit sa feuille de papier buvard et en découpa un petit morceau. Puis il le donna à la petite fille en lui demandant si elle n'aimerait pas se sécher avec.

Trouvez la rime

agenda/véranda
formidable/lamentable
exacte/autodidacte
canard/épinard
arbre/marbre
pain/main
pont/mon
jasmin/chemin
envahir/trahir
esthétique/bureaucratique
nager/partager
bombe/tombe
janvier/olivier

APPRENDRE ET COMPRENDRE 8

Lire à haute voix

Une petite anecdote

Rétablissez la ponctuation du texte et les majuscules des débuts de phrases, puis lisez-le à haute voix.

L'écrivain anglais lewis carroll aimait devenir l'ami des enfants il pensait souvent à trouver une manière amusante d'initier la conversation avec les jeunes enfants qu'il était toujours heureux de rencontrer un jour carroll était assis au bord de la mer en train d'écrire une lettre et il vit une petite fille qui passait en courant près de lui la fillette avait pris un bain et était complètement trempée de la tête aux pieds et l'eau qui coulait de son corps mouillait partout où elle marchait alors carroll prit sa feuille de papier buvard et en découpa un petit morceau puis il le donna à la petite fille en lui demandant si elle n'aimerait pas se sécher avec

Trouvez la rime

agenda/ *véranda*
formidable/...............
exacte/...............
canard/...............
arbre/...............

pain/...............
pont/...............
jasmin/...............
envahir/...............
esthétique/...............

nager/...............
bombe/...............
janvier/...............

épinard   autodidacte   mon   trahir   marbre   chemin
   lamentable   main   partager   tombe   olivier   bureaucratique

---

Apprenez un poème par cœur

Le hareng saur

Il était un grand mur blanc – nu, nu, nu,
Contre le mur une échelle – haute, haute, haute,
Et, par terre, un hareng saur – sec, sec, sec.

Il vient, tenant dans ses mains – sales, sales, sales,
Un marteau lourd, un grand clou – pointu, pointu, pointu,
Un peloton de ficelle – gros, gros, gros.

Charles Cros
Le coffret de santal

MISE EN JEU DE LA MÉMOIRE 1

Compagnons de voyage

Complétez l'histoire tout en choisissant la forme verbale juste parmi les trois possibilités proposées entre parenthèses. Exceptionnellement il peut y avoir plusieurs réponses cohérentes.

Il <u>commençait</u> (a commencé/commençait/avait commencé) déjà à faire nuit quand Manolo <u>est sorti</u> (est sorti/ était sorti/sortait) du collège. Il .... (s'est arrêté/ s'arrêtait/ s'était arrêté) un moment à la porte d'entrée, sur le perron, pour parler avec un camarade. Mais quand il .... (a vu/ voyait/ était en train de voir) que son bus arrivait au carrefour où .... (se trouvait/ s'est trouvé/ se trouverait) l'arrêt, il .... (a dit/ avait dit/ disait) au revoir à son ami, il .... (était en train de descendre/ descendait/ est descendu) en courant et il .... (traversait/ avait traversé/ a traversé) la rue.

Malheureusement il y avait un trafic intense et quand il .... (arriverait/ était arrivé/ est arrivé) de l'autre côté de la chaussée, le bus .... (était déjà parti/ est déjà parti/partirait déjà). Hélas! Il .... (a raté/ ratait/ avait raté) son bus et le prochain n'................... (n'était pas arrivé/ n'arrivait pas/ arriverait pas) avant deux heures.

Manolo .... (regardait/ a regardé/ avait regardé) sa montre: il .... (a été/ était / avait été) six heures moins cinq et ses parents l'................... (étaient en train de l'attendre/ l'attendaient/ l'avaient attendu) à la maison à sept heures. S'il n' .... (n'est pas arrivé/ ne serait pas arrivé/ n'arrivait pas) à cette heure-là, ils .... (étaient/ ont été/ seraient) très en colère. Il fallait absolument trouver le moyen de rentrer à la maison.

Alors il a eu une idée. Un peu plus loin, à une centaine de mètres de l'endroit où il se trouvait, il y .... (a eu/ avait eu/avait) un marché qui .... (a fermé/ avait fermé/ fermait) à six heures. Là il devait y avoir des camions prêts à partir sur la route qui .... (passait/ était passée/ passerait) près de son village.

Quand Manolo est arrivé au marché, un camion .... (a démarré/ avait démarré/ était en train de démarrer). Il avait eu de la chance, le camion .... (est allé/ était allé/ allait) à Rosario, une petite ville juste après son village. Il n'avait pas le temps de parler avec le chauffeur. Manolo .... (était en train de sauter/ a sauté/ sautait) dans la partie arrière du camion, pendant qu'il était arrêté pour céder le passage à quelques voitures.

Manolo .... (était/ serait/ a été) content car il était sur le chemin du retour. Alors il .... (s'est assis/ s'asseyait/ s'était assis) sur le sol, il .... (aurait/ avait/ a eu) une drôle de sensation. Il n'était pas assis sur le sol mais sur quelque chose de mou. Il .... (est en train de regarder/ regardait/ a regardé) vers le bas et il ....(voyait/ a vu/ était en train de voir) un gros cochon. Le camion .... (a été/ était/ avait été) plein de cochons!

En arrivant à son village, Manolo .... (avait sauté/ sautait/ a sauté) du camion. Le bus du collège n'................... (n'est pas encore arrivé/ n'était pas encore arrivé/ n'arrivait pas encore). Quelques parents .... (ont attendu/ avaient attendu/ étaient en train d'attendre) leurs enfants à l'arrêt.

Manolo est monté en courant la colline pour arriver chez lui. Quand il .... (était en train d'ouvrir/ avait ouvert/ a ouvert) la porte de sa maison, ses parents .... (ont été/ avaient été/ étaient) déjà à table. Ils lui .... (avaient souri/ ont souri/ étaient en train de lui sourire) et son père lui a dit: "Tu arrives de bonne heure aujourd'hui". "Oui", a répondu Manolo, "j'arrive tôt mais j'empeste."

©Auteurs 1997
HEINEMANN FRANÇAIS LANGUE ÉTRANGÈRE

Mise en jeu de la mémoire 2

Qu'est-ce que je ferai et qu'est-ce que je ne ferai pas lundi prochain?

Rêver des vacances: scène d'été

Complétez les phrases en conjugant correctement les verbes au futur simple à la forme affirmative ou négative selon les cas. Faites attention aux accords.

1 Je *ne serai plus/pas assise* (être assis) à mon ....*bureau*........ .

2 Je ....*serai assise*........ (être assis) en plein air, à la terrasse de ....*mon hôtel*........ .

3 J'espère qu'il ne .... pas. (pleuvoir)

4 Le soleil .... (briller)

5 On me .... (servir) un .... délicieux.

6 Je .... (boire) un .... frais.

7 Tout le monde .... (être) en ....

8 Mes lunettes de soleil me .... (protéger) de la lumière.

9 Les problèmes du bureau ne m'........................ plus. (ennuyer)

10 Des jeunes gens .... (nager) dans ....

11 J'espère qu'il y .... (avoir) de beaux monuments et des endroits intéressants à visiter.

12 Je .... (s'amuser) bien.

Mise en jeu de la mémoire 3

Souvenir de vacances

Ces jeunes gens regardent une photo qui a été prise pendant les vacances. La jeune fille blonde montre la photo à ses copains et décrit ce qu'ils faisaient.

Écrivez des phrases exprimant toutes les activités dont vous vous souvenez.

Vous pouvez vous aider du vocabulaire proposé dans l'encadré ci-dessous:

s'essuyer	se regarder	se raser	derrière un arbre	dans la rivière	s'habiller	sous un arbre	
se sentir mal	préparer	saucisses	dans un miroir	se laver	manger	avoir mal au ventre	avec une serviette de bain / se reposer

1 Elle se regardait dans un miroir.
2 ....
3 ....
4 ....
5 ....
6 ....
7 ....
8 ....

Mise en jeu de la mémoire 4

Jouer au gendarme

1. Je suis née à Alger, en Algérie. (NAÎTRE)
2. J'.. ans. (AVOIR)
3. Ma.. médecin. (ÊTRE)
4. J'.. et un frère. (AVOIR)
5. À l'âge .... ans, je .... vivre à Paris. (ALLER)
6. J'.. mon bac. (PASSER)
7. Puis, j'........................ de chimie à .... (FAIRE)
8. Là, je .... ans. (RESTER)
9. Je .... études. (TERMINER)
10. Je .... un fast-food........................ . (TRAVAILLER)
11. Je .... depuis .... semaines. (ÊTRE)
12. Antérieurement, j'.. une banque. (OCCUPER)
13. Là, j'........................ pendant .... (TRAVAILLER)
14. En ce moment, je .... (AVOIR)
15. J'.. qui s'appelle Anne. (HABITER)
16. J'........................ Anne il y a .... (CONNAÎTRE)
17. Actuellement, je .... (PRENDRE)
18. J'.. leçons. (RECEVOIR)
19. J'.. italienne (AIMER)

©Auteurs 1997
HEINEMANN FRANÇAIS LANGUE ÉTRANGÈRE

Mise en jeu des connaissances 5

Faites vos déductions

Regardez ces extraits de mon film et répondez aux questions.

Mots utiles:
- aller faire de la course à pied
- aller à la piscine
- écrire des graffiti sur les murs
- aider à porter les sacs
- voyager toute la journée
- aller faire des courses
- attendre le bus pendant plus d'une heure
- réparer sa moto
- nettoyer la voiture

1 Pourquoi la petite fille avait-elle les cheveux mouillés?
...parce qu'elle était allée à la piscine.

2 Pourquoi la dame donnait-elle de l'argent au garçon?
....

3 Pourquoi avait-elle quatre sacs pleins?
....

4 Pourquoi les deux hommes étaient-ils trempés de sueur?
....

5 Pourquoi l'agent de police était-il en train d'arrêter le jeune garçon?
....

6 Pourquoi cet homme avait-il les mains tellement sales?
....

7 Pourquoi les gens étaient-ils fâchés?
....

8 Pourquoi étaient-ils fatigués?
....

9 Pourquoi y avait-il de l'eau sur la chaussée?
....

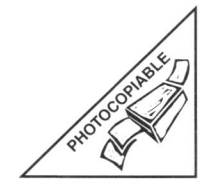

©Auteurs 1997
HEINEMANN FRANÇAIS LANGUE ÉTRANGÈRE

Mise en jeu de la mémoire 5

Déclarez comme témoin

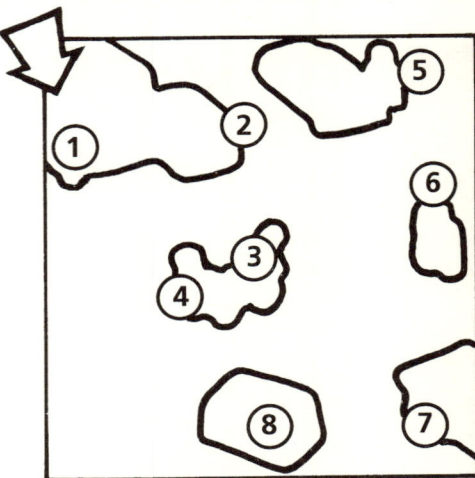

Cochez une case ✓ pour indiquer chaque réponse juste:

1 Je/J'
- venais de prendre le bus. ☐
- étais en train de prendre le bus. ☐
- allais prendre le bus. ☐

2 La voiture
- venait de doubler le bus. ☐
- était en train de doubler le bus. ☐
- allait doubler le bus. ☐

3 Le cycliste
- venait de doubler le bus. ☐
- était en train de doubler le bus. ☐
- allait doubler le bus. ☐

4 La vieille dame
- venait de traverser la rue. ☐
- était en train de traverser la rue. ☐
- allait traverser la rue. ☐

5 L'homme
- venait de garer sa voiture. ☐
- était en train de garer sa voiture. ☐
- allait garer sa voiture. ☐

6 Deux enfants
- venaient de traverser la rue. ☐
- étaient en train de traverser la rue. ☐
- allaient traverser la rue. ☐

7 Une dame
- venait de descendre de la voiture. ☐
- était en train de descendre de la voiture. ☐
- allait descendre de la voiture. ☐

8 Une camionnette
- venait de tourner à droite. ☐
- était en train de tourner à droite. ☐
- allait tourner à droite. ☐

©Auteurs 1997
HEINEMANN FRANÇAIS LANGUE ÉTRANGÈRE

Projeter des connaissances et trouver la règle 4

À l'aéroport

A Les haut-parleurs disent que tous *les passagers à destination de Paris sont priés de se rendre à la salle d'embarquement nº 5*.

B L'hôtesse dit qu'ils ....

C Le passager dit qu'il ....

D L'homme à la longue barbe dit qu'il ....

E La femme dit qu' ....

F La jeune fille explique qu'elle ....

G La mère dit à son enfant que l'avion ....

H L'homme au sac à dos dit qu'il ....

I Le jeune homme dit qu'il ....

J Le vieil homme dit qu'il ....

K Le mari dit qu'il ....

Mise en jeu de la mémoire 6

Des bribes de conversation

A Elle voulait vérifier s'*il avait pris l'ouvre-boîtes.*

B Il voulait savoir ....

C Elle voulait savoir ....

D Il a demandé ....

E Il voulait savoir ....

F Elle voulait savoir ....

G Elle voulait savoir ....

H Il voulait savoir ....

I Il a demandé ....

J Il voulait savoir ....

K Il lui a demandé ....

L Elle voulait savoir ....

M Elle lui a demandé ....

©Auteurs 1997
HEINEMANN FRANÇAIS LANGUE ÉTRANGÈRE

Mise en jeu des connaissances 8

Une journée à l'hôpital

Tous ces gens auraient pu éviter ce qui leur est arrivé.

Vous souvenez-vous de ce qui leur est arrivé?
Regardez l'image et écrivez les phrases correspondantes.

Mots à utiliser:	faire cuire	casser		brûler	coupure	avoir un œil au beurre noir
mauvaise viande			mettre			
	monter	ceinture				se bagarrer
palissade		grimper	instructions	écorcher	la cheville	tordre

1 Si elle avait fait cuire le poulet plus longtemps, elle n'aurait pas mangé de la mauvaise viande.
2 ....
3 ....
4 ....
5 ....
6 ....
7 ....
8 ....

©Auteurs 1997
HEINEMANN FRANÇAIS LANGUE ÉTRANGÈRE

Index grammatical

Accord avec les auxiliaires *être* et *avoir*	16, 22
Adjectifs possessifs	6
Adverbes de fréquence	56
Adverbes de manière	18, 56
Complément circonstanciel de manière	6
Concordance des temps du récit	24
Conditionnel passé	70, 82
Dérivation d'adjectifs	28
Discours rapporté indirect	58, 78
Doubles pronoms complément d'objet	22
Être + adjectif + préposition + infinitif	48
Être + adjectif + préposition + nom	48
Expression du besoin ou du souhait	12, 26
Expression de la probabilité	72
Expression du regret	80
Futur après *espérer que*	26, 32
Futur simple	32
Genre des adjectifs	8
Impératif affirmatif et négatif	6
Mise en relief + pronoms relatifs *qui/que*	20
Passé composé avec *être et avoir*	46
Passé composé, imparfait, plus-que-parfait	14, 50
Périphrases verbales; imparfait et plus-que-parfait	54
Phrase comparative	10
Phrase conditionnelle	82
Phrase exclamative	38
Phrase passive	48, 52, 62
Présentatif + pronom relatif	34
Pronoms complément d'objet direct et indirect	12
Pronoms indéfinis (*quelqu'un, quelque chose*)	34
Rapport de cause: *pourquoi/parce que*	50
Structures avec le verbe *faire*	60
Subjonctif	12
Subordonnée conditionnelle	24
Subordonnées relatives	76
Verbes à construction directe ou indirecte	30
Verbes pronominaux	6
Vous de politesse	6

Index lexical

Des adjectifs pour décrire	8
Les objets du bureau	10, 26
La plage	12, 22
Des espiègleries	14
Sur la route	24
Noms génériques	34
Actions et biographie	46
Sentiments et émotions	18, 24, 28, 38, 48
Les loisirs	12, 20, 30, 50
La maison	52
Dans la rue	54, 24, 80
L'aéroport	58
Hygiène et beauté	60
Histoire et culture	62, 66, 72
Actions de la vie quotidienne	6, 16, 24, 30, 36, 70, 74
Le musée	72
Le mariage	76
Les vacances au camping	78
L'hôpital	82
Les rimes	84